LE MANUEL COMPLET DES

HERBES

LE MANUEL COMPLET DES

HERBES

PAUL SEITZ

CHANTECLER

Table des matières
et préambule

Table des matières

Préambule _____ 13
Les jardins d'herbes au
fil des siècles _____ 13

**Principes actifs des plantes
médicinales** _____ 17
Les organes végétaux – porteurs
des principes actifs_____ 21

Des jardins d'herbes plus esthétiques 25
Règles de base _____ 26
Parterre d'herbes pour quatre
personnes _____ 29
Jardins d'herbes en mosaïculture _ 30
Les jardins d'herbes historiques __ 32
Spirale d'herbes _____ 33
Cultures d'herbes sur butte _____ 37

Des herbes en pot et jardinière __ 39
Jardins d'herbes mobiles _____ 40
Les soins aux cultures en jardinière 42
Plantation d'herbes au balcon ____ 43

**Des herbes sur le rebord
de la fenêtre**_____ 47
La culture en pot de la ciboulette _ 49
La culture en pot de l'ail _____ 50
La culture de persil-racine
à l'intérieur _____ 50
Moutarde, roquette et cresson
alénois _____ 51
Les soins aux cultures de rebord
de fenêtre _____ 52
Passer l'hiver avec des
graines germées fraîches _____ 53

**Prendre soin des herbes comme
grand-père** _____ 57
Emplacement _____ 58

Semis et plantation _____ 59
Multiplication végétative _____ 61
Les apports nutritifs _____ 63
La protection des plantes _____ 64
Des soins toute l'année _____ 68
Prolonger la saison des herbes ___ 70

La récolte des herbes - comment
obtenir leurs constituants _____ 73
Une récolte précautionneuse
détermine la qualité des herbes __ 74
Des herbes fraîches à tous
les repas _____ 76

La conservation des herbes _____ 79
Le séchage et la conservation ____ 80
La congélation _____ 82

Le salage _____ 82
Les herbes au vinaigre et à l'huile 83
Le vinaigre aux herbes –
aromatique et décoratif _____ 83
Gelée aux herbes personnalisée __ 84

Remède «maison»: les esprits
d'herbes liquides _____ 85
Vins médicinaux, vins aromatiques 86
Jus d'herbes pressées,
préparations à base de jus frais __ 87
Teintures, extraits végétaux
alcoolisés _____ 88
Pommades, baumes et crèmes ___ 88
Huiles de massage et de soin
pour la peau, bains d'herbes _____ 89

Les herbes à l'heure du thé _____ 91
Tisanes et autres thés _____ 92
Mélanges de tisanes «maison» -
compositions personnelles _____ 94
Tisanes froides rafraîchissantes __ 95
Le thé noir aux herbes _____ 96
Pourquoi boire des tisanes? _____ 98
Préparer correctement une tisane 98
L'atmosphère du thé et la
symbolique des herbes _____ 100

Délicieuses recettes aux herbes 105
L'authentique sauce verte
une spécialité_____106
Beurre d'herbes à tartiner_____108
Dips aux herbes _____109
Lait aux herbes contre l'asthénie 109
Huile aux herbes à la provençale
pour salades_____110
Mélanges d'herbes classiques:
fines herbes et bouquets garnis _110
Mélanges d'herbes pour pizzas,
risottos et spaghettis _____111
Sel d'épices et substitut de poivre
«maison» _____111
Épices pour charcuteries «maison»
(abattage à domicile) _____111
Épices pour fouaces, petits pains
aux herbes et pizzas aux herbes _112

Portraits de plantes_____115
Ce que nous devrions savoir
sur les herbes_____116
Les plantes protégées –
les plantes à protéger _____117
Les herbes aromatiques _____118
Les herbes médicinales _____153

Tableaux et synoptiques _____ **175**
Tableau de la culture et de la récolte
de nos principales herbes médicinales
et aromatiques _____176
Les herbes de
la pharmacie familiale _____180
Index _____182

Préambule

Les jardins d'herbes au fil des siècles

Il est probable que dans les jardins de la préhistoire poussaient différentes espèces d'herbes utilisées à des fins médicinales ou magiques pour guérir les maladies de l'homme ou de l'animal. C'est donc déjà dans des temps très reculés que débuta l'histoire riche en péripéties des herbes de jardin. Il y a 3 000 à 4 000 ans, on cultivait déjà du cumin, du pavot et les ancêtres de notre persil actuel. L'écrivain romain Tacite (98 après J.-C.) écrivait pourtant dans son *Germania* que son pays n'accordait guère d'attention à l'horticulture.

La culture des jardins proprement dite franchit les Alpes, importée par les soldats romains dans les provinces occupées. Comme on ne voulait pas renoncer aux habitudes de la patrie, un régime alimentaire varié agrémenté d'épices, ni aux plantes médicinales et aromatiques, on se mit à cultiver des simples à proximité immédiate. C'est ainsi que nos ancêtres connurent l'existence de l'ail, du poireau, de la coriandre, du cerfeuil, du cresson, de l'aneth et de la menthe. Lors de travaux de terrassement effectués en 1974 en plein cœur du Butzbach hessois, on a découvert une citerne, appartenant probablement à un marchand romain du IIe siècle après J.-C., remplie d'une profusion de débris végétaux, de graines et de fruits. Cette découverte ouvrit des horizons intéressants sur l'approvisionnement en plantes potagères, aromatiques et médicinales des troupes d'occupation de l'époque et de la population du limes. Outre l'aneth, le fenouil, la coriandre et le cumin, on put identifier des graines de céleri, de physalis, de belladone et de jusquiame.

Les moines favorisent la culture des herbes

Après avoir évincé les Romains, les Alamans ne s'approprièrent de l'horticulture romaine que ce qui leur paraissait indispensable. Depuis Clovis, les rois francs favorisaient le développement des jardins de la Germanie. L'ordonnance *Capitulare de villis* de Charlemagne recommandait la culture de soixante-treize espèces de légumes et d'herbes dans les jardins. C'est surtout à l'ordre des bénédictins que l'on doit ensuite la généralisation de la culture des plantes et des herbes potagères. Les moines, appelés à aider les pauvres et les malades, cultivèrent les simples indispensables à cet effet dans les jardins conventuels. C'est par l'intermédiaire de leurs ordres que des plantes furent acquises ou échangées. Au Moyen Âge, les jardins d'herbes s'enrichirent d'autres plantes médicinales et aromatiques indigènes issues de la nature, telles que l'absinthe et l'armoise. Même dans les jardins des châteaux forts de la société courtoise, les plantes médicinales trouvaient une place de choix. Elles étaient nécessaires pour soigner les blessures et les maladies en ces temps passablement belliqueux. Les croisés apprirent à connaître les espèces aromatiques et médicinales orientales, comme l'hysope et la nigelle, et les navigateurs rapportèrent des terres nouvellement découvertes d'autres plantes utiles comme le poivron et la courge. C'est grâce aux jardins de plantes aromatiques des châteaux que ces espèces se sont acclimatées dans les jardins ruraux et citadins.

Le savoir relatif aux vertus médicinales des herbes se transmit de génération en génération, souvent mêlé de superstition et complété à chaque fois par l'expérience personnelle. Il en résulta le vaste domaine de la médecine populaire dont certains pans ont entretemps pu être scientifiquement confirmés. Cette médecine populaire est aujourd'hui fréquemment au service d'une réorientation des thérapies et à la base de la médecine biologique.

Vous en apprendrez plus sur les diverses herbes médicinales ou simples à partir de la page 153.

Toutes les herbes aromatiques sont des simples

Toutes les herbes aromatiques sans exception possèdent des vertus thérapeutiques plus ou moins connues. Parce que essentiellement récoltées et

L'hysope est originaire d'Orient.

consommées fraîches et à l'état vert en provenance du jardin, les plantes aromatiques sont très appréciées pour leur valeur diététique et leurs propriétés médicinales. La chlorophylle est le champion incontesté des hémoplastiques. C'est par la voie alimentaire que se constitue, à partir du colorant vert des plantes, la substance colorante du sang qui lui est chimiquement apparentée, l'hémoglobine. Mais une alimentation végétale contenant de la chlorophylle ne permet pas seulement de renouveler notre sang, elle renforce aussi naturellement notre système nerveux et nos défenses immunitaires. La chlorophylle améliore également le fonctionnement du cœur, des vaisseaux, des intestins, des reins et augmente de manière globale la tonicité de l'organisme.

L'étude des plantes nous a appris que leurs vertus thérapeutiques résultent souvent de l'interaction de plusieurs principes actifs et sont rarement le fait d'une seule substance. Les divers constituants peuvent se compléter, multiplier leurs effets ou ménager l'organisme par leur seule participation. En règle générale, on constate les effets positifs escomptés. Maintes herbes aromatiques ont des propriétés anti-

L'ail, en plus de donner une note particulière à beaucoup de mets, guérit de nombreux maux.

bactériennes en cas de maladies infectieuses, comme l'ail et l'oignon ; bien d'autres espèces stimulent l'appétit et la digestion tout en fortifiant les nerfs ; d'autres renforcent le système immunitaire, le bien-être général et les performances, soulagent la douleur et accompagnent le processus de guérison sans que l'on puisse craindre des effets secondaires graves.

Vous en saurez plus sur les diverses espèces aromatiques à partir de la page 118.

Principes actifs des plantes médicinales

Les plantes médicinales se caractérisent par leurs principes actifs, qui leur confèrent des propriétés à la fois thérapeutiques, aromatiques et condimentaires.

Chez les végétaux, nous distinguons deux groupes de substances: celles qui sont indispensables au développement même de la plante, et d'autres qui, en tant que sous-produits ou déchets du métabolisme, apparaissent inutiles. À des fins thérapeutiques ou aromatiques, ces deux types de substances sont importants.

En phytothérapie, on sait que l'efficacité d'une plante médicinale repose généralement sur l'interaction de plusieurs substances et ne résulte que rarement de l'action d'une substance unique.

Les différents constituants peuvent se compléter, multiplier leurs effets ou ménager l'organisme par leur seule présence. C'est ainsi que l'on constate dans l'ensemble les effets positifs escomptés.

Nous mentionnons ci-après les principales substances actives des herbes en attirant l'attention sur leurs particularités.

Les **huiles essentielles** sont des substances huileuses, très aromatiques, très volatiles, qui sont sécrétées dans les glandes, les écailles ou les poils glandulaires des végétaux. Quand elles s'évaporent, elles parviennent à la surface des feuilles et des fleurs et répandent le parfum spécifique de l'espèce.

Les huiles essentielles ont des effets variés, suivant leur composition chimique, par exemple antispasmodiques, antiflatulents, cholagogues (estragon) et cholérétiques (menthe poivrée), calmants (mélisse, valériane), antibactériens (thym), antiinflammatoires (camomille), apéritifs et digestifs (herbes aromatiques).

Les **résines**, qui sont des déchets, sont généralement dissoutes dans les huiles essentielles et restent présentes à l'état dur ou solide après leur volatilisation.

Les **alcaloïdes**, souvent des poisons

La colchique pousse dans les prairies humides. La colchicine qu'elle contient la rend très toxique.

végétaux violents (belladone, colchique), sont des composés azotés basiques issus du métabolisme, formés dans diverses parties du végétal, de la racine jusqu'à la pousse, et stockés dans certains tissus selon la plante. De nombreux alcaloïdes, même dans les denrées les plus anodines, le thé noir, le café ou le tabac par exemple, agissent sur le système nerveux central. Les alcaloïdes sont en outre les principales substances de base des médicaments.

Les **principes amers**, qui ne constituent pas un groupe de principes actifs homogène, sont fréquemment présents chez les Asteracées (pissenlit, chicorée, absinthe) et les Gentianacées (centaurée, gentiane). Les principes amers stimulent l'appétit et favorisent la digestion.

L'écorce de chêne entre dans la composition des médicaments tanniques.

Les **tanins** sont des produits non azotés solubles dans l'eau, produits de déchets du métabolisme, souvent accumulés dans l'écorce (chêne), mais contenus aussi dans les feuilles (mûres, menthes). Les tanins précipitent non seulement les protéines mais aussi les alcaloïdes et sont par conséquent désintoxiquants, quand le thé est correctement préparé. Exposés à l'air, les tanins se décomposent sous l'action de l'oxygène. Aussi devons-nous conserver les sortes de thés tanniques dans des récipients fermés hermétiquement. Les drogues à base de plantes contenant des tanins sont préconisées comme remèdes contre les saignements des gencives, la transpiration abondante

On extrait des glucosides de la digitale qui ont un effet sur le cœur.

ainsi que les coliques par exemple.

Les **glucosides** sont des substances glucidiques composées très efficaces, présentes entre autres dans l'ail, la moutarde ou la rhubarbe médicinale et fortement toxiques dans le muguet, la digitale ainsi que l'amande amère. Les glucosides entrent notamment dans la composition des médicaments pour le cœur.

Les **mucilages**, qui gonflent dans l'eau, se trouvent dans de nombreuses espèces végétales (graines de lin, guimauve). Ils protègent nos muqueuses, notamment de la bouche, du pharynx, de l'estomac et de l'intestin.

Les **saponines** (du latin *sapo* = savon) ont la propriété de mousser dans l'eau exactement comme du savon. En médecine, elles sont expectorantes et on leur prête également des vertus diurétiques. Les saponines sont notamment contenues dans la saponaire, les primevères, le solidage verge d'or et la réglisse.

Les **acides organiques** (acide malique, acide citrique, acide oxalique, acide tartrique) comptent parmi les principales substances aromatiques des fines herbes, des fruits et des légumes. Ils ont un pouvoir rafraîchissant, stimulant et légèrement laxatif.

Les **phytoncides** sont un groupe hétérogène de constituants encore peu étudié. En petite quantité déjà, ils ont un effet inhibiteur sur les micro-organismes. Les phytoncides se décomposent lors du processus de dessiccation. Jusqu'à présent, on a décelé leur présence dans l'ail, les oignons, le romarin, l'aurone mâle et le thym.

Pour être complet, citons encore la teneur en minéraux considérable des végétaux (calcium, potassium, sodium, phosphore, iode et autres oligoéléments) et l'importance des **vitamines**, en particulier quand on consomme des herbes fraîches. Les **enzymes** contribuent par leur interaction aux diverses vertus curatives.

Le solidage du Canada est naturalisé chez nous. Le solidage verge d'or est une vieille plante médicinale.

Les organes végétaux - porteurs des principes actifs

Le persil-racine produit des carottes charnues.

Les substances actives végétales sont réparties de manière inégale dans les organes respectifs des plantes. Le plus souvent, ce sont les **feuilles** renfermant de la chlorophylle que l'on utilise pour guérir et aromatiser. C'est dans la feuille saine que nous trouvons les processus métaboliques les plus actifs. Grâce à la chlorophylle, la plante produit du glucose à partir du gaz carbonique de l'air et de l'eau sous l'action de la lumière du soleil. Il est la condition pour la constitution des autres assimilats tout comme pour celle de l'amidon, mais aussi des lipides et des protéines et des principes actifs. La lumière rayonnante se transforme en énergie chimique. Ordinairement, les feuilles sont également très riches en principes actifs.

Les **tiges** servent au transport de l'eau et des substances entre les racines et les feuilles. On n'y relève généralement, hormis les nitrates (qui sont impropres à l'alimentation), que de faibles concentrations de substances actives. Dans le **bois** et dans l'**écorce** sont également emmagasinés certains produits du métabolisme végétal. C'est pourquoi ils sont aussi employés en phytothérapie, telle l'écorce de bourdaine et de saule.

Les **racines**, organes récepteurs des plantes, de même que les rhizomes et les tubercules, accumulent divers constituants censés avoir des propriétés curatives ou aromatiques, comme le persil-racine.

Les **fleurs** colorées richement pigmen-

Les fleurs de lavande exhalent un arôme intense.

tées contiennent elles aussi des substances thérapeutiques. Les fleurs odoriférantes comme celles de la lavande ou du souci sont particulièrement riches en huiles essentielles. Les fruits charnus se distinguent par des teneurs élevées en minéraux et en vitamines. Les fruits sauvages et cultivés sont utilisés de préférence comme adjuvants dans de nombreux remèdes.

Les graines renferment toutes les substances nutritives et actives vitales de la future plante suivant un savant équilibre. C'est la raison pour laquelle elles représentent un aliment et un remède souvent de haute qualité.

C'est par le séchage et la transformation que les plantes médicinales deviennent des médicaments; il est alors question de drogues à base de plantes ou de drogues végétales. Dans les recettes et les compositions des drogues végétales, les parties de la plante ainsi que les noms des plantes (noms pharmaceutiques) sont en latin (voir tableau page 23). Outre les résines à peine étudiées, les véhicules des parfums sont principalement les huiles essentielles des fleurs, des feuilles et des racines.

Les parfums de nos plantes médicinales se composent de nombreux éléments qui se fondent avec une telle unité et une telle harmonie qu'il en résulte une impression d'odeur homogène. L'emploi en phytothérapie des huiles essentielles de simples se nomme aromathérapie. La plus douce de toutes les méthodes thérapeutiques est certes l'aromaphytothérapie. On vous traite en vous mettant en contact direct avec les parfums curatifs de la plante médicinale. Il est possible de combiner sans danger les applications des parfums végétaux avec d'autres médecines naturelles.

Partie de la plante	Nom latin	Abréviation
toute la plante	*herba*	herb.
feuille, feuilles	*folium, folia*	fol.
fleur, fleurs	*flos, flores*	flor.
graines	*semen*	sem.
fruit, fruits	*fructus*	fruct.
racine	*radix*	rad.
rhizome	*rhizoma*	rhiz.
bulbe	*bulbus*	bulb.
écorce	*cortex*	cort.

Exemples:
Basilici herba	= herbe du basilic
Fragariae folium	= feuille de la fraise
Sambuci flos	= fleur du sureau
Valerianae radix	= racine de la valériane
Quercus cortex	= écorce du chêne

Des jardins d'herbes plus esthétiques

Les familles qui souhaitent posséder leur propre jardin d'herbes sont de plus en plus nombreuses. C'est compréhensible, car qui ne voudrait avoir toutes ces herbes à portée de main tous les jours, pouvoir les choisir et les récolter sans problème, s'enivrer de leurs parfums, donner une touche raffinée aux mets et préparer à volonté toute l'année des tisanes et des infusions ou encore pouvoir préparer soi-même des teintures et des épices? Aucun jardin d'herbes ne peut ressembler exactement à un autre. La configuration du terrain,

Oubliez les rangées et créez de jolis jardinets d'herbes.

les critères d'emplacement, les aspects paysagers, ruraux ou urbains et, bien entendu, les besoins du propriétaire du jardin en déterminent la conception et l'évolution.

Règles de base

Pour éviter les inconvénients à long terme lors de l'aménagement de jardins d'herbes, il y a lieu de respecter les règles de base générales suivantes:

Choisir des emplacements ensoleillés
Les espèces d'herbes connues sont le plus souvent des «enfants du soleil» et nous viennent fréquemment des pays

méridionaux. Elles n'exhalent leur plein arôme, ne donnent le meilleur d'elles-mêmes, tant en matière culinaire que médicinale, que si l'ensoleillement est important, sous réserve de conditions de croissance et de santé réellement satisfaisantes.

Aménager le plus près possible de l'habitation

Les herbes trouvent souvent un emploi rapide en cuisine et en décoration. Aussi allons-nous aménager nos jardins d'herbes à proximité de la maison afin d'y avoir accès rapidement et à pied sec. Les allées ou les dalles devraient permettre une récolte par tous les temps.

Une prise d'eau est indiquée

Les espèces d'herbes ne sont guère exigeantes; il n'en demeure pas moins que le développement de la plante souffre en période de sécheresse prolongée, surtout en terrains très perméables. Il faudrait idéalement un point d'eau supplémentaire. Des baquets d'eau de pluie peuvent également servir à entretenir le jardin d'herbes. Nous devrions en tout cas offrir un point d'eau aux insectes et aux oiseaux pour leur permettre de visiter au maximum le jardin d'herbes.

Avec un baquet d'eau de pluie, il est possible de faire traverser des périodes d'extrême sécheresse au jardin d'herbes.

À chaque jardin d'herbes son banc

De la place pour un banc de jardin

Sans banc, notre jardin d'herbes est privé d'un élément important. Lors de la récolte, certes, nous aurons rarement le temps de nous asseoir pour nettoyer superficiellement le matériel récolté. Non, ce banc est plutôt une invitation à s'attarder plus souvent dans le jardin d'herbes, afin de profiter des multiples parfums et de la beauté modeste des herbes, des abeilles industrieuses, des papillons, des oiseaux aux abreuvoirs et d'autres petits hôtes du jardin.

Important: employer les bons matériaux

Nos jardins d'herbes ne doivent pas devenir des exemples de mauvais goût. Aussi choisirons-nous des matériaux du cru typiques de la région, comme de la pierre – ainsi que des moellons, du bois, de la terre cuite, de la céramique ou du fer forgé pour les allées, les clôtures et autres aménagements, et ferons-nous appel à l'artisanat local. Nos propres talents seront également mis à contribution. Enfin, c'est une manière de promouvoir par la reconnaissance la créativité des arts mineurs, voire populaires. Tout enjolivement incongru (pneu de tracteur figurant une corbeille, bordures de bouteilles vides ou vieux outils agricoles) détonne dans un authentique jardin d'herbes à la conception sobre, pratique et harmonieuse.

À l'évidence, chacun se doit d'aménager et de faire évoluer systématiquement son jardin d'herbes selon ses idées personnelles, afin de trouver toujours du plaisir à s'y promener et à y travailler. Rien ne vous empêche non plus de mélanger les herbes aromatiques aux légumes ou aux fleurs. Les jardins d'herbes aromatiques et médicinales sont de toute façon réalisables par chaque ménage. Vous trouverez ci-dessous quelques exemples de conception.

Parterre d'herbes pour quatre personnes

Pour satisfaire les besoins en herbes aromatiques d'une famille de quatre personnes, il suffit d'un parterre aux dimensions de quelque 3 x 4 m avec les herbes aromatiques suivantes:

a. nombre de plantes	
absinthe	1
angélique	1
armoise	2
aurone mâle	2
ciboule	4
ciboulette	10
estragon	3
hysope	3
lavande	2
livèche	1
mélisse officinale	2
menthe poivrée	10
menthe pomme	5
origan	3
pimprenelle	3
raifort	6
romarin	4
rue	2
sarriette des montagnes	4
sauge	3
thym	3
thym citronné	5

b. superficie en m² des herbes à semences	
ail	0,50
aneth	0,50
basilic	0,50
bourrache	0,25
capucine	0,25
cerfeuil	0,25
coriandre	0,25
cresson alénois	0,25
fenouil	0,25
marjolaine	0,25
moutarde blanche	0,25
oseille	0,25
persil	0,50
pourpier	0,10
sarriette commune	0,25

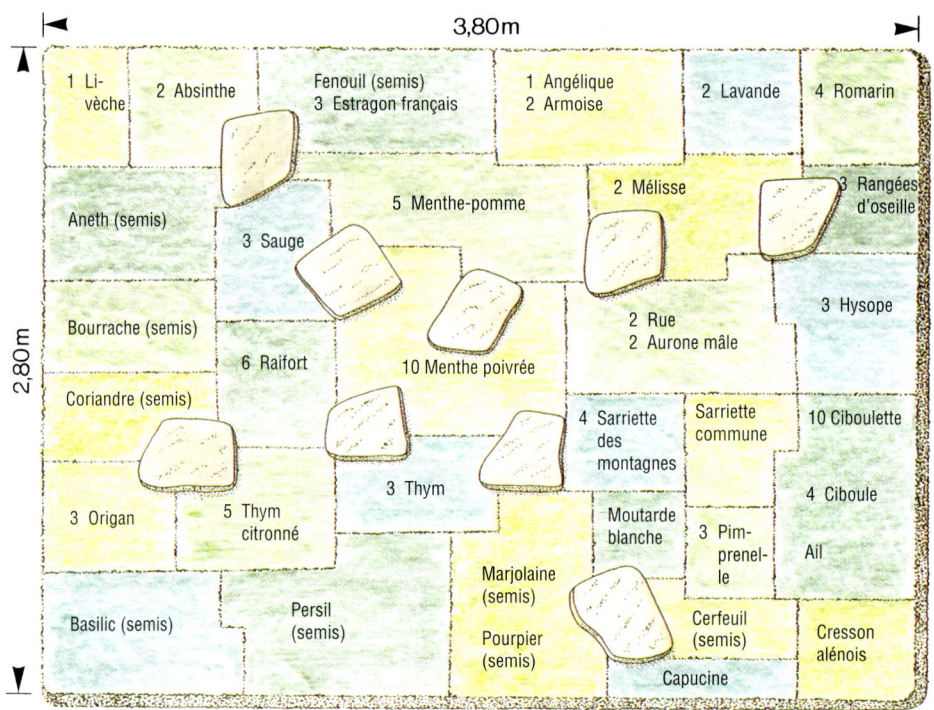

3,80m

2,80m

N

1 Li-vèche
2 Absinthe
Fenouil (semis)
3 Estragon français
1 Angélique
2 Armoise
2 Lavande
4 Romarin

Aneth (semis)
5 Menthe-pomme
2 Mélisse
3 Rangées d'oseille

3 Sauge

Bourrache (semis)
6 Raifort
10 Menthe poivrée
2 Rue
2 Aurone mâle
3 Hysope

Coriandre (semis)

4 Sarriette des montagnes
Sarriette commune
10 Ciboulette

3 Origan
5 Thym citronné
3 Thym
Moutarde blanche
3 Pimprenelle
4 Ciboule
Ail

Marjolaine (semis)

Basilic (semis)
Persil (semis)
Pourpier (semis)
Cerfeuil (semis)
Cresson alénois

Capucine

Grand parterre d'herbes pour une famille (conception Dr Seitz)

Jardins d'herbes en mosaïculture

Le nouvel agencement d'un parterre d'herbes doit tenir compte de la hauteur des plantes et de la place qu'elles prennent. Si le parterre est contigu à un mur ou à une clôture, on placera les espèces vivaces à haute tige à l'arrière-plan, mais au milieu s'il s'agit d'un parterre isolé. Les herbes annuelles plus trapues seront plantées au premier plan. Pour limiter l'entretien et faciliter la récolte, on peut installer des dalles d'accès.

Ces jardins d'herbes s'inspirent surtout des jardins à la française, au même titre que les fameux jardins d'herbes gris et argent. L'art de la mosaïculture prend en exemple les plantes, les fleurs et les animaux et s'efforce de les simplifier et de les interpréter de manière claire et rigoureuse. Les mosaïques consistent en des figures géométriques comme le carré, le triangle équilatéral, le cercle et d'autres formes.

Les lignes entrelacées des mosaïques

Jardin d'herbes en mosaïculture

dessinent des parterres de formes diverses destinés à recevoir les plantations groupées d'herbes connues et des gravillons colorés. Ces chaînons ornementaux forment généralement des haies d'herbes basses: germandrée petit-chêne, hysope, petit cyprès (santoline) ou buis.

Il est déterminant pour la beauté de tout agencement ornemental que forme et décor restent en phase avec la finalité réelle du jardin.

Des reproductions et des descriptions de jardins d'herbes peuvent stimuler l'imagination et donner des idées pour agencer son propre jardin.

Les jardins d'herbes historiques

Les jardins d'herbes conventuels en forme de croix

À l'exemple des célèbres jardins de monastères du Moyen Âge, des terrains rectangulaires se prêtent à cet agencement. Une allée longitudinale et une allée transversale forment la croix au centre de laquelle on peut ériger de préférence une fontaine ou un petit bassin, mais aussi un arrangement de plants d'herbes élevés spectaculaires. Latéralement, le long de murs par exemple, on plante des demi-parterres à la variété multicolore.

Dans le jardin d'herbes historique, il y a bien sûr lieu de représenter les espèces

Ci dessous aménagement en croix d'un jardin d'herbes (conception Dr Seitz)
1 banc, 2 herbes en terrasses, 3 espèces d'herbes vivaces, 4 annuelles et bisannuelles ainsi qu'alliacées, 5 espèces vivaces et sarmenteuses, 6 rond-point avec bassin, 7 boule d'autour, 8 haies d'herbes, 9 arche verte

Jardin d'herbes aux formes rigoureusement symétriques

d'herbes autrefois à l'honneur, tels le fenouil, l'ail, la coriandre, le cresson, la lavande, la menthe, le persil, le romarin, la sauge, l'oseille, le thym et l'hysope. Les allées du jardinet d'herbes de monastère peuvent être encadrées par une haie de buis basse taillée ou des moellons. L'entretien et les soins apportés à cette variante de jardin cherchent constamment à maintenir la visibilité de la forme en croix.

Notre refuge d'herbes se meut en jardin des délices parfumés lorsque, comme dans les anciens jardins de couvent, l'aménagement est protégé par un mur afin que chaque coup de vent n'emporte pas au loin les bonnes odeurs des plantes. Des pergolas ou autres tonnelles en bois peuvent constituer une protection contre le vent.

Une manière spécifique d'enfermer et de renforcer les parfums du jardinet d'herbes est de l'aménager dans une dépression de terrain. Dépression est également synonyme de protection contre le vent, et chaque emploi de dalles de pierre, de moellons ou de cailloux accroît l'emmagasinage de chaleur solaire qui, jusque dans la nuit, se dégage de façon dosée. Sous ces cloches à chaleur, les huiles essentielles des herbes déploient tout leur arôme.

On peut supposer que les jardins conventuels se sont inspirés des jardins entourés de murs de l'Égypte, de l'Algérie et de l'Espagne.

Au fil des siècles, l'agencement en croix fut le système de jardin dominant dans l'Occident chrétien et la passerelle qui mena aux jardins citadins et campagnards.

Spirale d'herbes

Une spirale aromatique ne se contente pas d'être décorative. Elle permet aussi de créer plusieurs habitats et de cultiver différentes espèces aux conditions de vie divergentes sur un lopin de terre de dimensions réduites.

Du biotope humide à l'exposition extrêmement sèche, tout est possible sur une surface restreinte. De plus, elle

Nouvel aménagement d'une spirale d'herbes

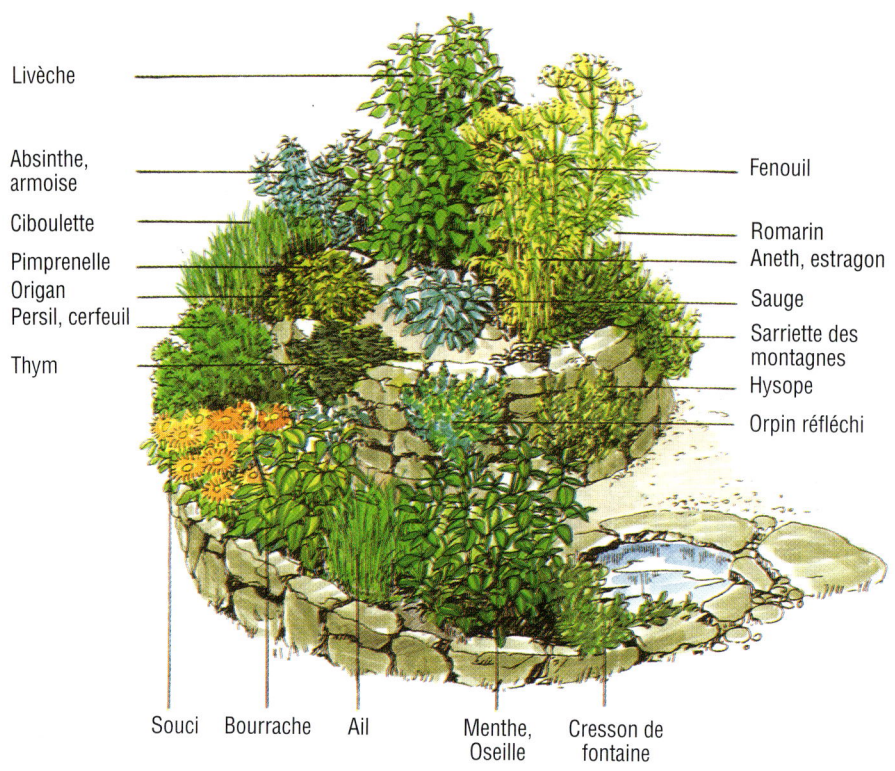

Livèche

Absinthe, armoise

Ciboulette

Pimprenelle
Origan
Persil, cerfeuil

Thym

Fenouil

Romarin
Aneth, estragon

Sauge

Sarriette des montagnes

Hysope

Orpin réfléchi

Souci   Bourrache   Ail   Menthe, Oseille   Cresson de fontaine

Spirale d'herbes

vous demandera peu de travail et d'investissements. Pour la spirale d'herbes, nous avons besoin en tout et pour tout d'une exposition ensoleillée – circulaire, de 3 m de diamètre environ. Au centre de cette surface délimitée, on dresse un monticule de pierres de 0,50-0,70 m de haut qui servira au stockage de la chaleur et au drainage. Rempli avec la terre de jardin disponible ou d'un mélange maigre, on construit ensuite une spirale à l'aide de moellons ou de pierres naturelles, qui dans sa partie sud se termine par une zone marécageuse et une petite mare. En lieu et place d'une mare, d'au moins 0,75 m de diamètre, aménagée avec une bâche spéciale, on peut enterrer un tonneau ouvert ou une cuve usagée de manière à ne laisser apparente que la surface de l'eau.

Le substrat des parties médianes et inférieures de la spirale d'herbes peut être amendé par l'ajout de compost. On acheminera adroitement de l'eau de pluie non infiltrée dans la zone humide ou dans le petit bassin. La surface de l'eau agit également sur le microclimat, notamment en s'évaporant sous un fort ensoleillement ou en adoucissant les températures en cas de gel nocturne. Dans la mare et dans la zone humide poussent des plantes hygrophiles. Cette zone exerce aussi un attrait particulier sur toute une série de petits animaux. Entre les pierres également, surtout dans le mur de pierres sèches exposé au soleil, les animaux, et plus spécialement les espèces d'insectes qui aiment la chaleur, ont vite fait de s'installer.

Quand on plantera, on prendra garde d'installer les espèces de haute taille vers le centre, dans la partie nord les herbes qui tolèrent la mi-ombre, comme le cerfeuil, le carvi, la livèche et éventuellement aussi le persil, et dans la zone humide le cresson de fontaine, les espèces de menthe et l'oseille. La sarriette des montagnes et l'orpin réfléchi affectionnent les fentes de murs.

Les jardins d'herbes avec des parterres-banquettes sont très bien adaptés aux handicapés et aux aveugles.

Un parterre-butte est composé de cinq couches: la couche intérieure est faite de bois de sciage ou de brindilles, puis viennent une couche de tranches de gazon retourné, une de déchets végétaux grossiers et une de compost à moitié décomposé. Le tout est recouvert de terre de jardin amendée avec du compost décomposé.

Ci-dessous: un parterre-butte circulaire avec des herbes n'est pas non plus gênant dans le jardin d'agrément.

Cultures d'herbes sur butte

L'aménagement d'une butte allie à la fois intensité culturale et mise en valeur de déchets organiques en provenance de la maison et du jardin. Parterres-buttes, parterres hauts-bas et parterres-banquettes s'y prêtent tous trois de bonne grâce. La structure en couches superposées est pareille à celle du parterre-butte; c'est seulement pour les parterres-banquettes que les côtés sont en poutres, nouvelles traverses de chemin de fer, rondins, pierres ou maçonnerie d'une hauteur de 0,75 m au maximum. Ce qui les rend plus onéreux que les parterres-buttes ou surélevés.

Toutes les formes de buttes d'herbes se sont révélées avantageuses pour les cultures associées.

Une forme particulière de la culture sur butte est le parterre-butte circulaire d'un diamètre d'au moins 2,50 m et à la structure stratifiée identique à celle du parterre-butte allongé. L'avantage de la butte ronde est qu'on peut aussi l'installer dans le jardin d'agrément sans choquer la vue.

Des herbes en pot et jardinière

L'espace-jardin qui conviendrait aux plantations d'herbes ne se trouve pas toujours à proximité de la maison. Et, pourtant, il ne faut pas pour autant renoncer à cultiver ses propres herbes. On peut créer des jardins de bacs et de jardinières attrayants sans prétention, peut-être dans une cour intérieure, près d'un banc ou sur d'autres surfaces dallées ou pourvues d'un revêtement quelconque.

Jardins d'herbes mobiles

C'est surtout dans les cours-jardins, à l'abri des murs et des façades de maisons, que l'on trouve les emplacements idéaux et pleins d'avantages des jardins d'herbes mobiles, parce qu'on peut en plus y suspendre, à de solides crochets, des bacs et autres récipients à plantes décoratifs, ainsi que des corbeilles.
Les jardins de bacs et d'auges disposés en escalier sont ravissants. Sur des surfaces planes, on groupera avec goût les conteneurs les plus petits à l'avant-plan et les plus gros à l'arrière; des corbeilles d'herbes suspendues viendront harmonieusement compléter l'ensemble.
En principe, tous les matériaux conviennent aux contenants destinés à recevoir nos jardins mobiles, pourvu qu'ils se fondent par leurs formes et leurs couleurs dans l'environnement. Ils peuvent aussi être de tailles et de contenances variées. Souvent, la simplicité l'emporte. On privilégie volontiers les matériaux naturels, comme la pierre, le bois, la terre cuite et la céramique. Il importe que le jardin mobile ne devienne pas un ramassis de matériaux et de récipients, des pots à confitures à la «vasque florentine», en passant par les brouettes qui ont fait leur temps. Si l'on emploie des matériaux modernes, le béton et le plastique parce qu'ils s'intègrent au style architectural, les formes géométriques les plus simples qui soient avec des plantations de haute stature sont le meilleur des choix.
Les jardins de bacs et de jardinières offrent ainsi un vaste champ à l'imagination et aux possibilités de conception. Les bacs au design sobre et moderne sont tout aussi demandés que les vasques antiques empreintes de nostalgie. En complément, mentionnons encore que les murs de mousse plantés d'herbes et les tours d'herbes font aussi partie des jardins d'herbes, au même titre que l'élémentaire sac de terre. On a constaté entre-temps que le terreau additionné d'engrais se prêtait le mieux à la culture en sac, lorsque la base des sacs est perforée pour permettre l'écoulement de l'excès d'eau.

Des herbes dans des pots différents et des jardinières – du plus bel effet

Terrasse d'herbes
1 capucine sur treillis, 2 aneth, 3 ciboulette ou ail à couper, 4 cresson alénois, 5 lavande ou pourpier, 6 livèche, 7 bourrache, 8 estragon et cerfeuil, 9 armoise, 10 persil et marjolaine, 11 fenouil, 12 basilic, 13 mélisse, 14 origan, 15 petit laurier, 16 espèces de menthe, 17 pot suspendu avec de la sarriette des montagnes, 18 pot suspendu avec du romarin retombant, 19 houblon

Les soins aux cultures en jardinière

Presque toutes les espèces d'herbes annuelles et vivaces se prêtent aux cultures en vasque, vieille auge, pot et panier suspendu. Il faut simplement toujours garder à l'esprit que les plantes en bacs n'ont que peu d'espace et un apport en

Les plantes en pots doivent être bien soignées.

eau et nourriture limité. Par ailleurs, une terre aérée et des tessons ou une couche de sable sur les orifices d'écoulement garantissent que l'eau ne stagnera pas. Après la reprise, les plantes ont besoin d'un apport supplémentaire d'engrais liquide régulier toutes les trois à quatre semaines au moyen des engrais organiques ou minéraux vendus dans le commerce.

Les plantes vivaces en bac et en vasque doivent être rempotées de temps en temps.

Plantation d'herbes au balcon

De nombreuses familles vivant en appartement dans des zones de concentration urbaine n'ont pas de jardin mais voudraient malgré tout faire pousser leurs herbes elles-mêmes. C'est là que le bal-con se transforme en «herbier». Cultiver et récolter des herbes intéressantes sur un si modeste espace exige cependant à la fois du doigté et des connaissances. Afin d'éviter tout désagrément ultérieur inutile, il est bon de suivre ces quelques conseils de base avant de se lancer dans le jardinage de balcon:

• Quand le règlement intérieur autorise ces cultures, vous devriez évaluer la résistance du balcon, avant d'acheter des contenants, en particulier lorsque vous envisagez l'installation de bacs ou de jardinières de grandes dimensions.

• Pour des raisons de sécurité, il est en principe interdit de suspendre des bacs à fleurs ou des pots du côté extérieur du balcon qui surplombe la rue.

• Quand le balcon ne possède pas de gouttière permettant l'écoulement de l'eau d'arrosage en excès, il existe des supports ou des sous-structures en métal pour la recueillir.

• Les balcons jouissant d'un bon ensoleillement offrent le plus d'avantages à nos petites plantations d'herbes. Sur des balcons exposés au sud, les plantes sont reconnaissantes de la présence en été d'une protection contre le soleil: mar-

À gauche: la manière correcte de planter en jardinière Le fond du pot doit être muni d'un orifice d'écoulement de l'eau sur lequel on pose quelques tessons de terre cuite. On recouvre ces derniers d'une couche de gravier et d'une couche de sable afin que la terre, formant la couche suivante, ne soit pas lessivée. On ne remplit pas le pot jusqu'à ras bords, mais on laisse un espace de 2 centimètres environ en prévision des arrosages.

Quantité d'herbes croissent sans difficulté dans des jardinières.

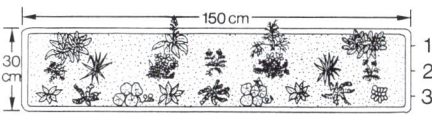

La manière correcte de planter dans une jardinière (en haut vue de face, en bas vue d'en
haut)
1 Les espèces de taille élevée, comme le fenouil, le romarin, le souci de jardin et l'absinthe,
sont plantées à l'arrière-plan dans la jardinière.
2 Les herbes de taille moyenne, comme la
camomille allemande, le millepertuis, l'hysope
et l'ail, poussent au milieu.
3 Les espèces à port bas ou retombant,
comme la capucine, le thym, la menthe et
l'orpin réfléchi, sont placées au premier plan.

quise ou pergola; c'est au printemps, en
automne et en hiver que nos herbes se
plaisent le plus. On peut évidemment
aussi cultiver des herbes sur des balcons
exposés à l'est et à l'ouest.

• Sur des balcons exposés au vent – surtout aux étages supérieurs – les plantes
présentent souvent des détériorations
dues au vent et aux tourbillons. On peut
y remédier – sans nuire à l'aspect extérieur – par des treillis à plantes grim-
pantes ainsi que par des grandes plantes
à bacs du type arbuste ou arbre nain.
• Tout comme l'architecte d'intérieur
dessine le plan d'aménagement d'un
appartement, vous pouvez également
faire l'esquisse de celui de votre balcon
d'herbes. Elle vous sera d'un grand
secours à l'achat de jardinières et de
plantes dans la jardinerie, le centre de
bricolage ou de jardinage. Qui ne voudrait concevoir son petit royaume
d'herbes seul et avec goût?
• Ces principes valent pour le matériau, la forme, la couleur et la taille
ainsi que pour les contenants des jardins
mobiles. Les balcons étant généralement très exigus, les bacs ronds en-
combrants sont moins intéressants que
les formes rectangulaires ou carrées, qui
s'intègrent plus facilement dans les
balcons modernes comme dans les
balcons anciens. Tant sur le balcon que
sur la terrasse, les corbeilles d'osier
remplies d'herbes, les pots décoratifs
suspendus par des chaînes en fer forgé,
les vasques et les murs de mousse sont
plaisants à l'œil. En recyclant de la
vaisselle et des ustensiles de cuisine en
bacs à plantes, vous pourrez parfois
donner à votre refuge vert une touche
personnelle. Toutefois prudence et
retenue s'imposent, afin de ne pas
aboutir à l'effet contraire.

Des herbes sur le
rebord de la fenêtre

Les jardins d'herbes intérieurs nécessitent toute l'année un minimum de place. Exposez-les en pleine lumière devant la fenêtre. Les fenêtres exposées à l'ouest et à l'est conviennent le mieux et en hiver, les fenêtres exposées au sud.

Les emplacements idéaux sont les jardins d'hiver. En compagnie de plantes décoratives, les herbes en contenant décoratif peuvent réaliser de jolies niches vertes qui animeront vos appartements. Les espèces d'herbes à croissance rapide, comme le cresson, l'aneth, le cerfeuil, le pourpier et la moutarde, font l'objet toute l'année de semis échelonnés. Il est évident que les espèces vivaces ont également leur place dans les jardins d'herbes, dans un patio ou à l'intérieur de la maison. Les plus connues sont la mélisse, l'origan, le romarin, le thym, l'hysope, la lavande, les espèces de menthe, la pimprenelle, l'orpin réfléchi, la rue, la sauge et l'estragon. Même la robuste livèche peut y figurer. S'il y a assez de place disponible, on complétera cet éventail par des géraniums odorants, un citronnier et un laurier. Dès que le temps le permet, au printemps, la société des herbes peut migrer sur le rebord exté-

Des herbes en pots sur une tablette de fenêtre

La sauge se prête à la culture de rebord de fenêtre.

Une rue en pot trouve également sa place sur l'appui de fenêtre.

rieur protégé de la fenêtre, après avoir été préalablement endurcie et accoutumée à la lumière du soleil.

Mieux adapté que le rebord de la fenêtre est le *baquet* de fenêtre, dont on peut tapisser l'intérieur d'une feuille étanche. Soit on cultive directement dans la terre, «garnissant» les pots de mousse ou d'un autre matériau humifère, soit on place les contenants dans une soucoupe ou un cache-pot afin de mieux pouvoir régler l'apport en eau. On peut aussi placer les «herbes en pot» dans des rigoles garnies de gravier ou de tessons de terre cuite afin de prévenir un excès d'humidité. Les favoris de ce genre de cultures sont la ciboulette, l'ail pour la verdure et le persil-racine en pot.

La culture en pot de la ciboulette

Le plus simple est de déterrer en automne des plants vigoureux de son propre jardin. On laisse les feuilles se flétrir et se recroqueviller et les mottes geler. Si la fin de l'automne reste douce et que les mottes ne gèlent pas, on peut stimuler les touffes de racines nettoyées dans un bain à des températures de 35-40°C pendant une dizaine d'heures afin d'amorcer la pousse. Puis on rempote et on place les pots devant une fenêtre chaude ou dans la serre. Plus la chaleur est grande, plus les fines feuilles tubulaires apparaissent rapidement. Après trois coupes, les plantes sont généra-

lement épuisées. On peut bien entendu remettre les plants coupés de ciboulette dans la plate-bande d'herbes au jardin.

La culture en pot de l'ail

On pique respectivement plusieurs gousses d'ail dans les pots préparés. Si la terre est assez humide et la température bonne, l'ail pousse très vite et sa verdure aromatique permet aussi plusieurs récoltes. Le vert de l'ail rehausse de manière discrète la saveur des plats, des salades et du fromage notamment, et passe pour être un des secrets des grands cuisiniers.

La culture de persil-racine à l'intérieur

On peut planter plusieurs racines, suivant leur grosseur, dans un pot profond et les faire pousser moyennant une humidité et une chaleur modérées. Lors de la récolte, seules les feuilles les plus âgées de la couronne extérieure peuvent être prélevées afin de garantir un emploi prolongé et une plante fournie.

Il va de soi que l'on peut aussi rempoter au début du printemps des plantes saines de **persil à feuilles** et les préparer en vue d'une culture hiémale. Néanmoins, le succès n'est pas aussi assuré que pour le persil-racine.

Il existe une autre option avec les semis en juillet de persil à feuilles directement en place ou en caissette. Une fois que les

Culture de la ciboulette
1 On laisse geler des plants vigoureux que l'on a déterrés, ou bien l'on stimule les mottes de racines en les trempant dix heures dans un bain à 35-40°C.
2 Ensuite, on met les plants en pots et on les place sur le rebord de la fenêtre ou dans la serre.

La racine du persil se repique facilement moyennant une humidité et une chaleur modérées.

premières feuilles se sont formées, il est préférable de repiquer plusieurs plants par pot de 8 cm de diamètre au moins. Il est nécessaire de les transplanter dans le récipient en terre en septembre, et ensuite peut commencer la culture à l'intérieur, suivie de la première récolte qui ne tardera pas. On peut employer la même méthode avec l'aneth, qui exige l'emplacement le plus lumineux, et avec le cerfeuil. L'important avec ces espèces d'herbes est de s'assurer que la terre du pot n'est pas trop mouillée.

Moutarde, roquette et cresson alénois

Afin de pouvoir récolter avec certitude des aromatiques fraîches pendant tout l'hiver, on sème de la moutarde blanche (*Sinapis alba*), de la roquette *(Eruca sativa)* et du cresson alénois *(Lepidium sativum)* pour notre culture de rebord de fenêtre. Les graines de moutarde et de roquette germent allègrement en pot ou en terrine en l'espace de quelques jours et les plantes sont ensuite bonnes à couper après deux semaines environ. C'est pourquoi il faut pratiquer de nouveaux semis toutes les deux à trois semaines.

Le cresson surtout peut être produit de manière accélérée. Pour cette culture, prenez des terrines étanches soit que vous remplirez de quelques centimètres

Les graines de moutarde germent rapidement. Elles conviennent bien à la culture des herbes à l'intérieur.

Les soins aux cultures de rebord de fenêtre

Pour toutes les cultures en bacs, il faut toujours garder à l'esprit que nous n'accordons aux racines des plantes que peu d'espace ainsi qu'un apport en eau restreint. Pour que le succès soit au rendez-vous, la plantation et les soins doivent être effectués avec la même minutie que

L'hysope pousse en pot sur le rebord de la fenêtre.

Les sujets en terre cuite vendus dans le commerce peuvent être habillés en l'espace de quelques jours d'un amusant «costume de cressonnette». N'oubliez pas que le récipient en terre cuite doit toujours rester humide!

de terre sablonneuse, soit que vous garnirez de plusieurs couches de papier buvard ou de mouchoirs en papier non parfumés et que vous humidifierez. Semez ensuite le cresson alénois assez serré et maintenez le substrat humide. Au bout de quelques jours, on voit poindre le nez des premières petites feuilles, et après une semaine et demie environ, quand les plantes ont atteint 5-6 cm, la récolte aux ciseaux de ménage peut débuter. Pour ce court cycle cultural, les seuls éléments nutritifs du tissu des graines suffisent au développement.

Si l'on échelonne les semis de deux en deux semaines environ, on disposera toujours d'une réserve de cressonnette suffisante.

52

pour vos plantes en pots. Comme substrat, prenez de préférence soit du terreau universel vendu dans le commerce, soit un mélange personnel à base de compost bien décomposé additionné de sable. Il est conseillé d'ajouter à la terre des râpures de corne en tant que réserve d'engrais. Tous les contenants seront convenablement drainés pour éviter les dégâts dus à une saturation en eau. Dans le fond des terrines, des caissettes et des pots, qui sera de toute façon muni d'orifices d'évacuation, on met des tessons en terre cuite et une couche de sable ou de gravier. On remplit les récipients de terre non à ras mais en laissant un bord de 2 cm environ pour les arrosages. Les jardinières avec réserve d'eau vendues dans les jardineries facilitent les soins et évitent les erreurs d'arrosage à la suite de périodes trop humides ou trop sèches.

Les germes de blé contribuent eux aussi à traverser la saison pauvre en herbes.

Passer l'hiver avec des graines germées fraîches

La culture de germes, originaire des pays asiatiques, est arrivée dans les restaurants gastronomiques européens et, avec la vague croissante des aliments complets, dans nos foyers.

Les graines germées fraîches sont devenues indispensables en hiver pour pallier le manque de vitamines. Elles enrichissent les menus sous forme de crudités, d'assaisonnement pour salades et légumes, de farce de légumes dans les rouleaux de printemps si appréciés ou

dans les nasi-goreng et bami-goreng maison.

Les graines non germées sont indigestes de manière générale.

Les graines et mélanges de graines destinés à la culture de germes ainsi que les barquettes de germes avec mode d'emploi détaillé sont vendus partout chez les grainetiers, dans les maisons de régime et les magasins d'aliments naturels.

Il faudrait s'assurer que les graines proviennent de préférence de la culture biologiquement contrôlée et ne jamais utiliser des graines qui ont été traitées!

La santé en hiver par les graines germées - ici l'alfalfa

À côté des espèces de plantes déjà citées comme la moutarde blanche *(Sinapis alba)* et le cresson alénois *(Lepidium sativum)*, on peut, avec les germoirs, obtenir des germes de diverses céréales comme le blé, le seigle, l'orge, l'avoine, le millet et le riz; on trouve aussi dans le commerce des mélanges d'avoine, d'alfalfa (luzerne) et de fenugrec, de petits pois, de pois chiches, de lentilles, de raifort ou de lin. Pour les faire germer, on met les graines dans le germoir – à défaut, on peut prendre un bocal à confiture – et on les

54

recouvre d'eau. Puis on secoue le bocal fermé et on laisse s'écouler l'eau au travers d'une toile de lin ou d'un couvercle à fente. Dans la mesure du possible, il faut procéder à ce rinçage une ou, mieux, deux fois par jour. Des températures d'au moins 15° C, 18-22°C de préférence, favorisent de manière optimale le développement des germes. Après gonflement des graines, chez maintes espèces, les germes sont déjà disponibles après quatre à cinq jours. La récolte est directement consommable sans autre nettoyage, reste fraîche au froid de trois à cinq jours ou peut être surgelée.

Les graines des légumineuses (comme les petits pois, les pois chiches, les lentilles) contiennent un poison naturel (que l'on connaît dans les haricots verts) qui n'est que partiellement dégradé, le cas échéant, dans la germination. Pour rendre ces germes non toxiques, il y a lieu de les blanchir trois minutes avant de les consommer.

Prendre soin des herbes comme grand-père

À chaque saison correspondent des tâches intéressantes à exécuter dans les jardins d'herbes. En tout cas, il est utile d'inscrire dans le calendrier des travaux les dates importantes de la multiplication, de l'entretien et de la récolte. Cette recommandation ne s'adresse pas uniquement aux débutants mais aussi aux jardiniers confirmés afin de les aider à avoir une meilleure vue d'ensemble.

Emplacement

Le succès à long terme de nos cultures d'herbes est directement proportionnel à

l'emplacement. Des sols de jardin actifs, aérés, riches en humus, et des expositions ensoleillées sont avantageux. Sur des types de sol lourds, argileux dans des terrains à bâtir avec une terre compactée par endroits, on préconise de pratiquer d'abord une culture d'engrais vert. Des sols sableux pauvres en humus sont à amender avec du compost, du fumier décomposé, du paillis, etc. Des analyses du sol vous renseignent sur son état de nutrition (potassium, phosphore, magnésium) et son pH, assorties de conseils relatifs à des apports éventuels de calcaire pour l'améliorer. Le pH requis pour nos cultures d'herbes, en fonction de la nature du sol (sol sableux – argile sablonneux – sol argileux), devrait se situer entre 5,5 et 6,5.

Culture d'herbes – jeunes plants sous châssis.

58

Jusqu'à la plantation au printemps, il est avantageux de pratiquer des cultures d'engrais vert de courte durée, en mettant de la moutarde ou des épinards par exemple.

Semis et plantation

Les herbes annuelles et bisannuelles seront semées au printemps directement à l'emplacement prévu à cet effet dans le jardin d'herbes, ou bien les jeunes plants seront cultivés en serre, sous châssis froid, sur couches ou sur le rebord de la fenêtre dans des terrines à semis et des caissettes. Si l'on a seulement besoin de sujets uniques, il ne vaut généralement pas la peine de faire des semis, puisque

Les semis apportent beaucoup de satisfactions – surtout parce que l'on assiste à la germination et que l'on peut voir les plantules grandir.

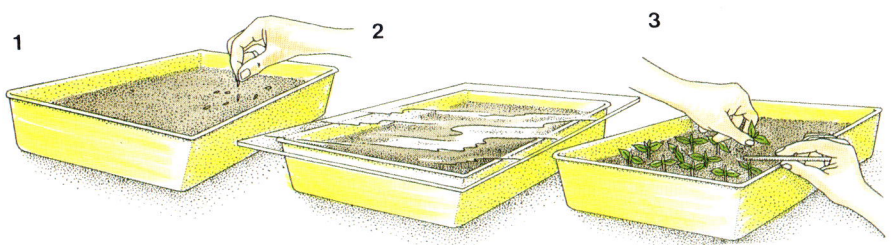

Culture en terrine
Après le semis (**1**), on recouvre la terrine d'une feuille de papier, de plastique ou de verre (**2**). Quand la plante germée a formé ses premières petites feuilles, on éclaircit ou on repique (**3**).

les jardineries ou les marchés hebdomadaires proposent de nombreux jeunes plants d'herbes à la vente. D'un autre côté, la joie de voir la réussite des semis se suffit à elle-même.

Culture en caissettes
Le plus souvent, dans la culture préalable sous abri (= culture protégée des jeunes plants), les semis s'effectuent en caissette. À cet effet, on remplit presque à ras bords le récipient de terre sableuse,

Les jeunes plants d'herbes sont mis en pots.

ou de plastique pour garantir une humidité constante pendant le processus de germination.

Dès que les plantules sont formées, on accoutume la culture au climat ambiant et on repique les plantules quand celles-ci ont développé leurs premières petites feuilles. Plus tard, on peut encore les repiquer en pots avant de les mettre définitivement en terre.

Avant de sortir les plantes au jardin, il faut les endurcir, à savoir les habituer au «nouveau» climat. Aussi, les jours couverts, on les met au jardin ou dans un endroit ombragé. Elles ne peuvent en aucun cas être directement exposées au soleil.

Il faut par ailleurs prendre garde au fait que certaines plantes ne supportent pas le gel et qu'il ne faut pas les sortir avant la mi-mai ou la fin mai.

Culture en godets comprimés

Une méthode simple de culture à conseiller est offerte par la mini-serre à godets comprimés – adaptée indifféremment aux semis ou à la multiplication par boutures.

Les godets comprimés gonflent dans l'eau et sont utilisables en quelques minutes. Le dôme en plastique transparent de la mini-serre permet d'aérer et donc d'endurcir les plantules avant leur plantation.

Semis précoce à l'extérieur

Un semis en place est possible, dès que le sol est suffisamment sec et quand on protège ensuite le parterre par une

humifère; on nivelle la terre, on l'arrose, on sème clair et on tamise par-dessus avec du substrat ou du sable; on recouvre légèrement, on tasse la terre une seconde fois et on recouvre d'une feuille de papier

feuille plastique plate ou un tunnel.

Quand on sème, il est de règle de recouvrir les semences de terre, ou mieux de sable, d'une épaisseur de deux à trois fois celle des graines. Les graines dont la germination est sensible à la lumière seront semées de préférence en sillons, mais on les arrosera prudemment pour ne pas les enfoncer dans la terre.

Pour beaucoup d'espèces végétales, les grainetiers proposent des semences enrobées, qui facilitent les semis. On propose également des bandes et des tapis de semences dans divers mélanges d'herbes, qui allègent les semis, surtout pour les néophytes.

Attention! Les semis précoces sous plastique ou tunnel sont menacés par les limaces. Il est possible de les combattre à l'aide de répulsifs sans danger ou de pièges à limaces.

Multiplication végétative

Multiplication par bouturage

La multiplication par bouturage a lieu uniquement à partir de pieds-mères sélectionnés, de haute qualité et sains. Pour cette opération, on prélève les boutures avec un couteau aiguisé juste sous le nœud d'une feuille, surtout les pousses terminales longues de 5 cm, et on les fiche dans un mélange sableux. Des cintres métalliques disposés en croix deviennent le support d'une mini-cloche de plastique, si l'on n'a pas de mini-serre sous la main. On peut multiplier de la sorte avec succès des herbes vivaces comme la sarriette des montagnes, l'aurone mâle, l'estragon, la lavande, le romarin, le thym, la mélisse ainsi que les menthes.

1

Multiplication par bouturage

1 On prélève la bouture sous le nœud d'une feuille avant de la ficher dans de la terre sableuse.

2 Les conditions de multiplication sont optimales sous une mini-cloche faite avec deux cintres mis en croix et une feuille de plastique.

2

La division des vieux rhizomes à rejets multiples s'opère avec une pelle ou un grand couteau.

Multiplication par bouturage de stolons

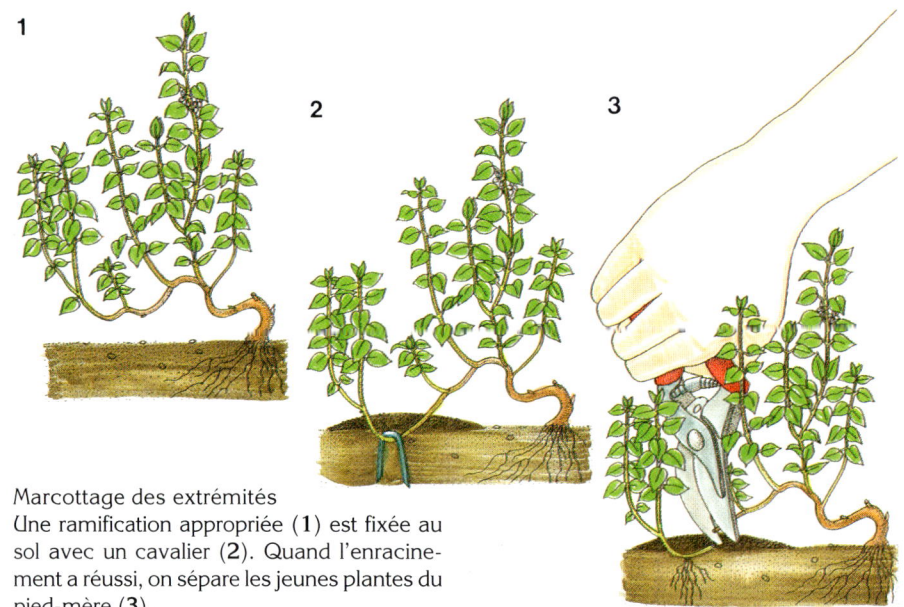

Marcottage des extrémités
Une ramification appropriée (**1**) est fixée au sol avec un cavalier (**2**). Quand l'enracinement a réussi, on sépare les jeunes plantes du pied-mère (**3**).

Division de vieux rhizomes à rejets multiples

C'est le procédé de multiplication le plus simple quand on n'a besoin que de quelques plants isolés. Il consiste à déterrer les touffes de racines au printemps et à les séparer en deux ou en quatre en utilisant un grand couteau. La division des espèces vivaces va de pair avec un changement d'emplacement afin de prévenir un épuisement du sol.

Multiplication par bouturage de stolons

Ce type de multiplication, en usage pour les menthes par exemple, s'effectue avec des tronçons de racines de 5 cm de long environ qui portent déjà des pousses, mais qui doivent posséder des bourgeons en nombre suffisant. Cette multiplication peut se faire au printemps directement en place ou bien en caissette comme c'est le cas pour les boutures.

Multiplication par marcottage des extrémités

Les herbes vivaces, comme les espèces de thym, peuvent aussi se multiplier par marcottage. Pour ce faire, des ramifications sont rabattues au sol et fixées avec des cavaliers jusqu'à la formation de racines. Ensuite, les jeunes plantes sont séparées de la souche mère et cultivées à part.

Les apports nutritifs

Si, d'après les résultats de l'analyse, le sol contient suffisamment d'éléments nutritifs principaux ou est en bon état de culture depuis des années, il est possible de se passer dans une large mesure d'engrais minéraux, car un faible surdosage, d'azote notamment, suffit déjà à faire pousser la plante exagérément au détriment de l'arôme et de la saveur. En règle générale, pour nourrir les plantes, un solide apport en compost ou en fumier décomposé en terreau suffit. Si la croissance ralentit et si les feuilles pâlissent, cela traduit le

Le paillage fait intervenir des matières organiques comme des déchets de papier, de la sciure de bois, du compost ou des écorces de pin.

plus souvent un manque d'azote. Dans ce cas, on préconise des apports supplémentaires de râpures de corne, de farine de sang séché ou d'autres engrais organiques. Les engrais liquides à base de bouillies d'herbes et d'engrais organiques, comme l'eau de râpures de corne, de fumier ou de compost, ont une action rapide.

La principale fumure de plantes, l'eau ou l'infusion de compost, s'obtient en mélangeant bien une pelletée de compost pur dans un seau d'eau. Naturellement, la nourriture des plantes dépend aussi d'un apport en eau suffisant. Aussi est-il conseillé de pailler le sol des jardins d'herbes avec des matériaux organiques tels que des écorces de pin, des déchets de papier, de la sciure de bois ou du compost brut. À cet effet, on travaille superficiellement la terre et on met en place une couche de 2-4 cm d'épaisseur en été et une couche de 8-12 cm en prévision de l'hiver. Il n'y a plus maintenant qu'à arroser en cas d'extrême sécheresse persistante. De plus, le paillage empêche dans une large mesure la prolifération des mauvaises herbes et active considérablement la vie organique du sol.

La protection des plantes

Pour la protection des plantes, aucun traitement chimique n'est nécessaire dans l'ensemble. Nos herbes, qui ont encore largement gardé leur caractère sauvage, sont extrêmement résistantes aux maladies. Le choix judicieux de l'emplacement et la composition des espèces en groupes, qui débouchent sur de véritables communautés, préviennent les maladies.

Les mesures de protection à préconiser pour les jardins d'herbes sont essentiel-lement d'ordre mécanique. Ainsi la taille sévère des plants de menthe et de mélisse attaqués par la rouille et le mildiou entraîne la repousse de pousses saines. Citons de même l'élimination des limaces et des chenilles par ramassage et par installation de pièges à limaces ou à campagnols. Dans les jardins d'herbes, on peut aussi protéger les plantes menacées par les ravageurs à l'aide de filets de protection. Il est possible dans une certaine mesure de lutter contre les pucerons et les aleurodes en accrochant des panneaux jaunes enduits de colle. Mais si l'infestation de pucerons prend des proportions alarmantes, dans une

Pour préparer des bouillies d'herbes, on émince de la menthe poivrée.

jeune culture d'aneth par exemple, il faut recourir à des préparations à pulvériser sans danger pour l'homme, les animaux domestiques et utiles (les auxiliaires).

Réaliser soi-même des purins, des bouillies et des infusions d'herbes

Pour des jardins d'herbes biologiques, on recourt généralement aux pulvérisations connues (l'infusion de prèle contre les maladies cryptogamiques, la bouillie d'ortie contre les pucerons et l'infusion d'absinthe contre les altises). Chaque jardin d'herbes se doit d'avoir son tonneau à herbes destiné à collecter les déchets et à les mélanger à de l'eau pour en faire des bouillies ou des purins d'herbes.

La consoude peut servir à faire des infusions et des purins d'herbes.

Les herbes les plus connues mises spécifiquement en œuvre dans l'horticulture biologique pour protéger et engraisser les plantes sont l'ortie, la prèle, la consoude, la tanaisie et l'absinthe. La fabrication d'extraits végétaux fait bien sûr appel à de nombreuses autres espèces, dont l'hysope, la marjolaine, la menthe et la camomille. Nous faisons la distinction entre les extraits d'herbes à l'eau froide, les infusions d'herbes, les bouillies d'herbes et les purins d'herbes. Pour ce qui est des extraits employés pour la protection des plantes, on fait – en règle générale – macérer 1 kg de matériel vert, ortie ou consoude par exemple, coupé à la taille d'une main, dans 10 litres d'eau froide, de l'eau de pluie de préférence, en baquet, tonnelet ou seau. Au terme de douze à vingt-quatre heures, trois jours au plus tard, l'extrait d'ortie est prêt à l'emploi et peut être pulvérisé, non dilué, pour lutter contre les pucerons notamment. Si les extraits d'herbes fermentent (par temps chaud, le processus de fermentation débute après quelques jours et s'achève, suivant la température, après une semaine et demie ou deux semaines, cinq semaines dans les cas extrêmes), on obtient des purins d'herbes aux fins d'amendement liquide. Il est conseillé de remuer fréquemment le purin et, pour le lier, d'y ajouter une poignée de chaux chaque fois avant de mélanger. Avant l'emploi, il convient de diluer les purins d'herbes avec de l'eau dans un rapport de 1:10.

L'infusion d'herbes destinée à renforcer les plantes est réalisée en ébouillantant des herbes fraîches ou séchées, comme

L'infusion d'absinthe – un moyen de lutte naturel contre les ravageurs

Des purins, bouillies et infusions efficaces sont faciles à réaliser soi-même.

la consoude, la camomille, le pissenlit, la prèle ou l'absinthe. Toujours pour renforcer les plantes, on peut aussi ébouillanter une seconde fois les restes de nos tisanes à boire et verser cette infusion après quelques heures sur nos cultures d'herbes à l'intérieur.

Les bouillies d'herbes contre diverses maladies des plantes, comme le mildiou et la rouille, s'obtiennent également à partir d'herbes sauvages ou domestiques fraîches ou séchées, mises à macérer vingt-quatre heures dans de l'eau, puis bouillies vingt minutes à petit feu et à couvert, refroidies, puis filtrées avant usage. Les principales bouillies d'herbes sont les décoctions de prèle ou de tanaisie, dans une proportion de 10 litres d'eau pour 300-500 g de matériel frais.

Attention! Les récipients non couverts contenant des purins et des bouillies d'herbes représentent un danger pour les enfants et les animaux domestiques.

Les restes d'herbes, même après fermentation, peuvent utilement servir de couverture de sol (paillage) ou d'additif au compost.

Mentionnons pour être complet que l'on prend de plus en plus l'habitude de faire ramollir des déchets de papier et de carton dans les purins et bouillies d'herbes pour obtenir un excellent compost, ce qui constitue une forme de recyclage écologique.

L'emploi d'auxiliaires

Les animaux utiles en tant qu'ennemis naturels des ravageurs trouvent les meil-

Les pucerons sont la nourriture de prédilection des coccinelles.

Les chrysopes sont de grands prédateurs de pucerons.

Les larves de la coccinelle sont également des exterminateurs de pucerons appréciés.

Les larves de chrysopes sont de grandes mangeuses de pucerons.

leures conditions de vie dans nos jardins d'herbes naturels. Les auxiliaires les plus connus de la lutte biologique dans les jardins d'herbes sont les coccinelles ainsi que les chrysopes et leurs larves, les ichneumons, les syrphes et les forficules contre les pucerons, ainsi que les acariens prédateurs et les punaises prédatrices de l'araignée rouge. L'aleurode peut faire des dégâts, surtout aux cultures sous abri. Leurs ennemis naturels sont les ichneumons. Les vrais ichneumons, qui détruisent les chenilles nuisibles de manière naturelle, recherchent notamment comme principale source de nourriture les fleurs de nos Apiacées.

Des soins toute l'année

Si les massifs d'herbes sont devenus trop touffus ou si leur croissance ralentit anormalement, il est possible de les transplanter, à savoir d'échanger entre elles diverses espèces végétales en divisant éventuellement leurs racines et en améliorant le sol.

La taille des herbes persistantes ne pose pas de problème. Si elles prennent vraiment trop de place, on les discipline déjà au début de l'hiver. C'est généralement au printemps que l'on coupe toutes les parties mortes, quand la plante repart, jusqu'au bois sain. Afin de contenir les buissons, il est parfois utile d'éclaircir et de rabattre fortement. Donnons à nos herbes une protection hivernale adéquate en amoncelant à leurs pieds des branches d'épicéa ou en

Culture associée dans le parterre d'herbes aromatiques

les couvrant avec. Toutefois, sous des climats plus rudes, il y a lieu de déterrer certaines espèces, comme le romarin, et de les rentrer pour l'hiver. Il en va de même pour les espèces non indigènes que sont le laurier, le myrte et le

Les cultures associées d'herbes aromatiques ont de multiples effets favorables

Plante	Effet favorable connu; bons voisinages
Ail	concombres, carottes, betteraves rouges, salade, asperges, tomates
Aneth	concombres, espèces de chou, carottes, betteraves rouges, salade
Basilic	concombres, chou-rave, salsifis, tomates, espèces d'oignon
Bourrache	fraises, concombres, chou, courgettes; défense contre les ravageurs du chou
Capucine	pommes de terre, radis, raifort, tomates, courgettes
Céleri à couper	espèces de chou, carottes
Cerfeuil	radis, salade; censé repousser les limaces
Ciboulette	espèces de chou
Coriandre	fraises, pommes de terre hâtives, concombres, chou, betteraves rouges
Cresson alénois	radis, raifort, salade
Hysope	censée repousser les pucerons sur les légumes
Lavande	généralement favorable; censée repousser les chenilles nuisibles
Marjolaine	carottes
Moutarde	généralement favorable, pour autant que le jardin ne soit pas menacé par l'hernie du chou
Oignon	haricots, sarriette, aneth, petits pois, concombres, carottes, salade, asperges
Persil	pommes de terre, chou, raifort
Poireau	espèces de chou, carottes, salade, céleri, tomates, oignons
Romarin	carottes
Sarriette	haricots nains, espèces d'oignon; défense contre le puceron du haricot
Sauge	généralement favorable; repousse les chenilles et les pucerons
Thym	généralement favorable; repousse les chenilles et les pucerons

Les herbes en culture associée dans le potager

citronnier. Ils auront avantage à passer l'hiver dans une pièce où il ne gèle pas, la plus claire possible, de préférence dans un jardin d'hiver ou dans une cage d'escalier. Pendant la période végétative de repos, les processus vitaux de ces plantes sont fortement ralentis. Aussi s'abstiendra-t-on de leur donner de l'engrais et les arrosera-t-on très peu.

Prolonger la saison des herbes

Les feuilles plastique nous donnent la possibilité de prolonger considérablement la saison des herbes fraîches. Les récoltes précoces grâce aux tunnels bas ou aux feuilles plates qui surmontent les cultures d'herbes sont bien connues. Par temps doux, on peut déjà commencer les cultures à partir de février. Il importe d'abord d'enlever le paillage isolant de l'hiver, afin de permettre au sol de se réchauffer légèrement. Si vous

70

avez des couches ou des châssis, bricolez un cadre de bois adapté pour le faire coulisser dessus.

me l'aneth, le persil et la moutarde blanche, privilégiez les jardins d'herbes en plate-bande parce qu'il est facile de

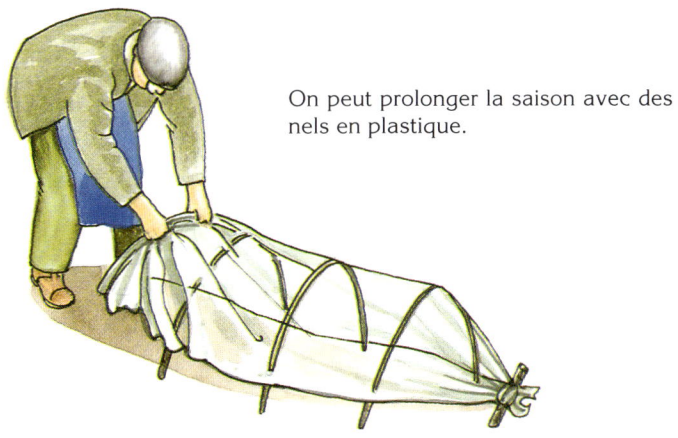

On peut prolonger la saison avec des tunnels en plastique.

Dès que le sol s'est réchauffé à plus de 6°C, les premières herbes se remettent à pousser, notamment l'oseille, la ciboulette et d'autres Alliacées.
Pour hâter les cultures de semis, com-

les recouvrir d'un tunnel. Il est bien entendu possible de prolonger la saison des herbes avec des moyens identiques, souvent jusqu'au mois de décembre.

La récolte des herbes -
comment obtenir leurs
constituants

Au cours des mois d'été, les efforts et les soins apportés sont souvent récompensés par une moisson riche. Il s'agit à présent de récolter au moment favorable et aussi de conserver en vue de la saison pauvre en herbes.

La récolte a débuté – une charmante corbeille et sa moisson d'herbes

Une récolte précautionneuse détermine la qualité des herbes

Les herbes ont le plus de valeur lorsqu'on les récolte fraîches au jardin et que l'on peut les exploiter aussitôt sans pertes. Si nous plaçons les herbes dans un verre avec de l'eau claire, elles resteront fraî-

ches quelques jours. Mais seuls les pédoncules peuvent tremper dans l'eau et non les feuilles afin d'éviter un pourrissement prématuré. Conservées au réfrigérateur dans des sachets fraîcheur, du papier aluminium ou des récipients en plastique, les herbes vertes garderont leur fraîcheur pendant une semaine environ.

Les **herbes culinaires vertes** sont généralement cueillies ou coupées avant la floraison; car on recherche presque toujours les feuilles et les pousses tendres, comme pour le cresson alénois et la capucine, la bourrache, la pimprenelle et l'estragon.

Il va de soi que les plantes en fleurs ne sont pas sans valeur, mais le matériel coupé est plus fibreux et souvent plus amer ou a un goût mordant.

Remarquons enfin que bien des fleurs se prêtent non seulement à des fins décoratives, mais sont aussi comestibles, telles les fleurs de capucine et de cresson alénois, de ciboulette, de cerfeuil, de bourrache et de sarriette. Avant utilisation, les herbes fraîches seront lavées rapidement et en douceur à l'eau courante, et secouées afin que l'eau s'égoutte entre les doigts ou par la passoire.

Pour ce qui est des **herbes** qu'il y a lieu de **conserver**, l'époque optimale de récolte se situe en général peu avant la floraison. C'est alors que l'on peut s'attendre à la meilleure récolte de feuilles et à la teneur la plus élevée en constituants, en particulier chez les espèces d'herbes aux huiles essentielles.

L'herbe, les feuilles et les fleurs seront

C'est le moment de couper le basilic pour la première fois.

récoltées de préférence tôt le matin, dès que les plantes ne sont plus recouvertes de rosée, ou à midi. Il faut rabattre les plantes de façon à laisser suffisamment de feuilles sur les pousses restantes pour leur permettre de reprendre vigoureusement par la suite. Il faut écarter les feuilles jaunies, flétries et malades du matériel récolté.

Le moment le plus favorable de la **récolte des graines** est le petit matin, parce que les fruits mûrs, humides de rosée, perdent le moins de semences dans cet état. Les racines et les rhizomes sont déterrés à la fin de l'automne ou au début du printemps, puis sont soit plantés dans du sable et stockés au frais, soit lavés à fond et coupés en petits tronçons de 2-3 cm de long en vue d'accélérer leur séchage ultérieur.

Des herbes fraîches à tous les repas

Pour tous les modes de conservation, même les moins agressifs, il faut compter avec des pertes en constituants et des modifications chimiques. La nourriture végétale devient indéniablement nourriture médicinale dès lors que la vie des cellules reste intacte et que toutes les substances vitales restent actives. Aussi appliquons-nous le principe qui dit d'employer les herbes les plus fraîches possible! Des herbes fraîches aromatiques exhalent un parfum plus intense et possèdent une saveur typique de l'espèce plus prononcée.

Dans le sillage de l'importance accrue

Les herbes sont indispensables aux plats de crudités.

donnée aux plats de crudités, la demande en herbes aromatiques croît elle aussi. Qui envisage encore des crudités sans herbes fraîches? Le fait de préparer des mets avec des herbes aromatiques contribue par ailleurs à saler moins. Pour les plats de régime, lorsque le sel et les épices fortes sont interdits, les herbes aromatiques sont la seule solution. Les herbes fraîches servent également à purifier l'organisme à la sortie de l'hiver et sont conseillées pour lutter contre la fatigue de printemps.

Le célèbre scientifique danois Gudjonsson avait déjà prouvé dans les années trente, à l'aide d'expérimentations animales, qu'un apport suffisant en vitamines prévenait les refroidissements. À son avis, la fatigue de printemps à partir de la deuxième moitié de l'hiver relève également d'une carence en vitamines. Des herbes fraîches au petit déjeuner pour entamer la journée – quoi de plus délicat, de plus digeste et de plus sain! On se remémore les recettes de nos grands-parents et on se lance joyeusement dans les expériences. Les herbes sont un complément savoureux des repas froids, du petit déjeuner, des sandwiches et des petites collations notamment. Impossible d'imaginer un monde sans fromage blanc, beurre, garnitures de sandwiches ou dips aux fines herbes, ces délices quotidiens qui ne coûtent pas cher.

Le fromage blanc, autrefois sousproduit bon marché de l'industrie laitière, s'est hissé au rang d'aliment très apprécié. Le plus valable est le fromage blanc maigre, pauvre en graisses mais avec une forte teneur en protéines et minéraux. Le fromage blanc maigre est en outre très riche en vitamine B_2. Les constituants du fromage blanc et ceux des herbes fraîches comme la bourrache, l'estragon, le persil, l'oseille et la ciboulette se complètent idéalement. Pour faire du **beurre aux fines herbes,** le choix des herbes aromatiques est encore bien plus étendu, de sorte que vous pouvez vous en donner à cœur joie. Dans beaucoup de foyers, on aime bien tartiner son pain avec des rillettes ou de la graisse d'oie. Grâce aux différentes herbes aromatiques, on peut aussi améliorer individuellement cette pâte à tartiner comme avec le beurre aux fines herbes. Cette liste des «applications» des fines herbes n'est bien entendu pas limitative; les jus de légumes notamment se transforment en succulents cocktails, de même que le yaourt et le lait, quand on leur ajoute des herbes, et peuvent compléter agréablement les repas.

N'oublions pas enfin la **garniture de sandwich aux herbes.** Pour ce faire, on prend un maximum d'herbes fraîches parmi celles que nous offre notre jardin. Les ingrédients principaux de notre mélange d'herbes pour cette garniture sont la bourrache, le cresson alénois, le pourpier, la roquette, l'oseille, la ciboulette et la moutarde ainsi que, dans une moindre mesure, le basilic, la sarriette, la mélisse et le thym citronné.

Le fromage blanc aux fines herbes s'accommode très bien de la bourrache, de l'estragon, du persil et de la ciboulette.

Si l'on souhaite une plus grande quantité d'herbes crues, on peut étendre le mélange à de la mâche, du radicchio, de la chicorée à couper et de jeunes feuilles d'épinards. Ces herbes crues sont émincées puis bien mélangées et décorées de rondelles de tomates et de radis.

Dans l'ensemble, nous sommes fondés à constater que la demande en herbes fraîches et que leur utilisation à l'avenir sont assurées de croître, surtout si, par le biais de l'information au consommateur, de larges couches de la population prennent encore davantage conscience aujourd'hui de l'importance considérable pour la santé de consommer des herbes.

La conservation des herbes

Le séchage est la méthode de conservation la plus ancienne.

Le séchage et la conservation

La méthode de conservation des herbes la plus ancienne et la plus répandue est le séchage.

Ce dernier ne doit pas être effectué au soleil, à l'exception des herbes dont il s'agit de récolter les graines. Pour les faire sécher, on peut lier les herbes en bouquets lâches et les suspendre la tête en bas à des cordes ou contre des murs secs. Les drogues sous forme de semences seront en outre enveloppées dans des serviettes perméables à l'air, du papier de soie ou des serviettes perforées afin de pouvoir récolter les graines qui tombent.

Les fleurs et les feuilles fragiles seront de préférence séchées sur des grilles ou des plateaux de séchage qu'on aura avantageusement munis de toiles grossières. On obtient les meilleures qualités avec des étuves spéciales à des températures exactement programmées.

La déshydratation liée au processus de dessiccation fait perdre aux plantes 80 à 90 % de leur poids. En été, il suffit le plus souvent de faire sécher les plantes naturellement dans des remises ou des greniers. On compte habituellement 1 m^2 de surface de séchage pour 10 m^2 de surface cultivée.

En cas de mauvais temps et d'humidité persistants, un séchage complémentaire artificiel, dans des fours par exemple, est nécessaire. Pour les parties végétales qui contiennent des huiles essentielles, la

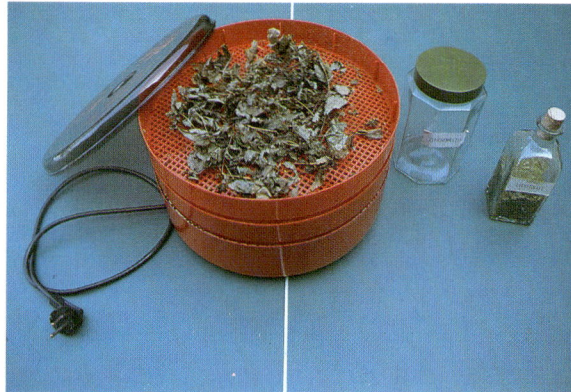

servées également dans des bocaux fermés hermétiquement jusqu'à usage. N'oubliez pas d'étiqueter vos récipients, en indiquant le contenu et l'année de la récolte. Il est conseillé d'ajouter les indi-

Le séchage des herbes sur des plateaux est également possible en séchoir solaire.

Un dessiccateur électrique est utile pour le séchage final des herbes ou par temps humide.

température ne peut excéder 35°C, sous peine de pertes non négligeables en principes actifs.

Le processus de dessiccation est achevé quand les feuilles font un bruit de feuilles mortes et que les tiges se cassent facilement. Pour l'émiettement, les **drogues à feuilles** sont passées par un tamis grossier et, comme avec les drogues à fleurs, on en remplit des boîtes en fer-blanc ou des bocaux de verre sombre à couvercles vissés.

Les **drogues à graines**, comme l'anis, l'aneth, le fenouil, la coriandre et le carvi, sont secouées et battues énergiquement, nettoyées dans un flux d'air et con-

Avant le battage, le lin est mis à sécher la tête en bas.

cations d'utilisation. L'efficacité des herbes aromatiques et médicinales séchées se réduit avec le temps, même si elles sont soigneusement conservées. Aussi y a-t-il lieu d'employer les feuilles ou les fleurs séchées dans l'année et de les remplacer par de nouvelles récoltes.

La congélation

Si vous possédez un congélateur bahut, il est hautement recommandé de recourir à la méthode idéale de congélation des herbes aromatiques en vue de l'hiver. Le persil, surtout, mais aussi d'autres herbes d'emploi courant comme le basilic, l'aneth, l'estragon, la mélisse et le thym se laissent congeler. Il faut bien sécher les herbes après leur lavage, entre deux

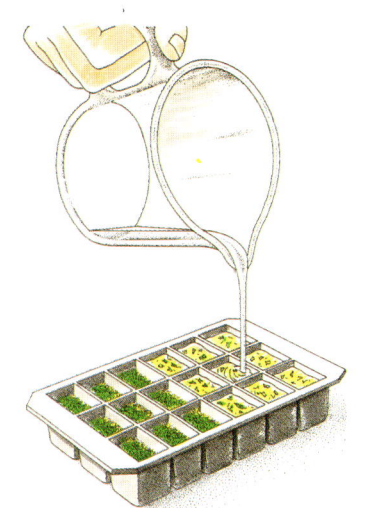

Congeler les herbes dans le bac à glaçons

serviettes par exemple, avant de passer à l'étape suivante. Il est utile de congeler les herbes par petites portions pour pouvoir prélever et décongeler à chaque fois la quantité nécessaire. Il existe diverses méthodes de congélation qui ont fait leurs preuves:
On peut
• congeler les herbes <u>émincées dans des bacs à glaçons</u> ou dans le bac à glaçons avec de l'eau. Il est ensuite pratique de conserver les cubes congelés dans des boîtes de congélation;
• congeler les herbes <u>par portions</u>, comme le persil dans une feuille d'aluminium, et les écraser à l'état congelé juste avant l'emploi seulement;
• sortir les herbes <u>précongelées entières</u> dans des barquettes d'aluminium doubles et les émietter rapidement avec un rouleau à pâtisserie, en remplir des boîtes de congélation préréfrigérées et les remettre dans le congélateur. Une fois décongelées, les herbes doivent être travaillées très vite parce qu'elles ramollissent, deviennent rapidement aqueuses et perdent de leur pouvoir aromatique.

Le salage

En vue de leur salage, il faut couper les herbes finement et en remplir des bocaux ou des pots en alternant les couches d'herbes et les couches de sel. On peut également saler les herbes en mélange moyennant 200 g de sel pour 1 kg d'herbes. Si vous utilisez des herbes conservées au sel, ne salez pas vos plats.

Il est facile de conserver les herbes dans de l'huile d'olive ou dans du sel.
1 Pour l'huile aux herbes, on recouvre les herbes émincées d'huile d'olive sur la hauteur d'un doigt. **2** Pour le salage, on émince des herbes fraîches et on en remplit des bocaux ou des pots en alternant les couches d'herbes et les couches de sel.
Les récipients sont fermés avec un élastique et conservés au frais.

Les herbes au vinaigre et à l'huile

Les herbes se conservent également dans du vinaigre ou de l'huile d'olive. Pour ce faire, nous passons d'abord les herbes au hachoir à viande ou nous les coupons très finement au couteau, nous en remplissons des bocaux et nous versons par-dessus du vinaigre de vin ou de l'huile d'olive jusqu'à les recouvrir de l'épaisseur d'un doigt. Comme pour les herbes au sel, les récipients seront fermés hermétiquement et conservés au froid. Tout comme pour la conservation au sel, les herbes perdent également de leur pouvoir aromatique avec cette méthode.

Le vinaigre aux herbes - aromatique et décoratif

Le vinaigre était déjà un condiment estimé voici plus de 5 000 ans. Le vinaigre de vin est obtenu à partir de la fermentation du vin au moyen de bactéries acétiques. Le vinaigre, aromatisé avec des herbes cultivées dans le jardin, peut donner aux salades et aux sauces une délicieuse saveur. S'il est préparé dans un récipient de verre décoratif, il ne déparera pas sur l'étagère de la cuisine. Les herbes aromatiques qui conviennent à notre vinaigre aux herbes sont les suivantes: basilic, aneth, estragon, ail, feuilles de laurier, espèces de menthe, pimprenelle, sauge, ciboulette, thym, mélisse et oignon. Les herbes fraîchement cueillies seront lavées sans attendre, puis soigneusement séchées, mises délicatement dans le récipient de verre que l'on remplira ensuite de vinaigre de vin blanc. En secouant légèrement la bouteille, on libère les petites bulles d'air des herbes. Reste ensuite à fermer hermétiquement le récipient contenant le vinaigre aux herbes.

Les herbes permettent de confectionner des vinaigres, des huiles et des vins «maison»

Suivant le degré d'intensité aromatique souhaité, vous laisserez les herbes macérer quelques semaines ou plusieurs mois dans la bouteille de vinaigre. Non moins jolies sont les bouteilles de vinaigre aux herbes qui ne renferment qu'une seule espèce d'herbe.

Gelée aux herbes personnalisée

Il est réjouissant de constater que les gelées et les confitures aux herbes de nos grands-mères reviennent au goût du jour. Diverses herbes fraîches, comme les feuilles de romarin ou de thym, confèrent une touche aromatique particulière aux confitures et aux gelées. On ajoute les herbes avant que la préparation de base commence vraiment à bouillir; après

84

l'ébullition, on filtre le tout au tamis et on en remplit des bocaux.

Une autre méthode avec addition de menthe poivrée, de persil ou de basilic prévoit d'abord la préparation avec les herbes d'une tisane qui remplacera la quantité d'eau recommandée. L'ingrédient de base des gelées aux herbes est généralement la pomme. Aromatisées à l'aspérule odorante, elles accompagnent très bien le gibier. La gelée à l'estragon se marie avec le poisson et le poulet, la gelée rouge rubis au romarin avec le dindonneau et la gelée verte au basilic avec les steaks hachés.

Très séduisants sont les bocaux de gelée aux herbes. La gelée de pomme s'accommode d'une série d'herbes, comme la sauge, que l'on peut varier en fonction des ses goûts personnels et de l'emploi qu'on veut en faire. La gelée de raisin et de sureau demande du thym, la gelée d'agrumes (oranges, citrons, pamplemousses) de la marjolaine et du romarin et la gelée de groseille verte des menthes. Pour confectionner des gelées aux herbes, on met quelques feuilles ou tiges d'herbes dans le bocal et on verse la gelée brûlante par-dessus. Les herbes ne se contentent pas de donner arôme et saveur à la gelée. Elles restent très visibles à travers le verre et la gelée.

Les gelées de différentes couleurs agrémentées d'herbes sont sans conteste un enrichissement exceptionnel du programme culinaire, mais aussi un cadeau original. Il est également possible d'aromatiser les confitures avec des herbes.

Remède «maison»: les esprits d'herbes liquides

Esprit d'herbes, liqueur aux herbes, amers digestifs de fabrication maison – nos grands-pères étaient de vrais connaisseurs dans la distillation des alcools aux herbes. Après un repas copieux, en cas d'estomac barbouillé ou à maintes autres occasions, l'esprit d'herbes ne déçoit jamais.

Sa fabrication n'est guère compliquée. Il suffit de prendre des bouteilles à liqueur ou à eau-de-vie à goulot évasé; d'y mettre des herbes – séchées en général – (une bonne poignée par litre) et de les remplir avec de l'eau-de-vie blanche ou de l'alcool de grain (à 30 % minimum). On place ensuite la bouteille bouchée à macérer pendant deux ou trois semaines dans un endroit ensoleillé. Il est conseillé de secouer fréquemment la bouteille

L'effet bienfaisant de l'eau-de-vie aux herbes a déjà aidé nos grands-pères.

85

Vieux remède maison: l'esprit d'herbes

durant cette période. Plus tard interviennent le filtrage et le remplissage dans des bouteilles sèches.

L'esprit d'herbes peut indifféremment être fabriqué avec ou sans sucre. Si l'on préfère les liqueurs aux herbes, on ajoute du sucre bouilli dans de l'eau. Pour les eaux-de-vie aux herbes, on utilise les herbes suivantes en mélange – selon les goûts de chacun: mélisse, livèche, espèces de menthe, racine de gentiane, millepertuis, prunelle, arnica, romarin et thym.

Vins médicinaux, vins aromatiques

Au Moyen Âge, déjà, les Français étaient des spécialistes des vins d'épices. Le *vinum hippocraticum* passait pour être très salutaire, et sa consommation préférentielle était fondée à la fois sur ses vertus curatives et sur son nom. De manière indépendante, c'est en Italie, dans la province du Piémont, que la véritable production de vermouth à partir de vin de muscat fit son apparition. Dans la fabrication des célèbres produits à base de vermouth entrent notamment l'absinthe, la racine de gentiane, la petite centaurée et la cannelle, dans des proportions dont le secret est bien gardé.

Tout le monde connaît les liqueurs aux herbes, les punchs et le vin chaud. On peut en outre préparer soi-même plus d'un vin aux herbes pour le plus grand bien du palais et de la bonne digestion. Pour faire un vin aux herbes maison, on prend d'excellents vins blancs, rouges ou moelleux auxquels on ajoute une poignée d'herbes choisies (30-40 g environ par litre) dans un récipient de verre ou un pot en terre cuite, et on place ce dernier dans un endroit sombre à température ambiante. Après plusieurs jours, on peut retirer les herbes et le vin d'épices est bon à boire. Les herbes adéquates sont l'aspérule odorante (en faible quantité), le romarin, le basilic, la mélisse, l'absinthe (en faible quantité), les espèces de menthe, la sauge, la lavande, la camomille et d'autres herbes que vous expérimenterez chez vous.

Si la préparation est correcte, ces vins se conserveront de plusieurs mois à quelques années.

Jus d'herbes pressées, préparations à base de jus frais

Les jus pressés à base d'herbes ont une action médicinale plus forte que les préparations usuelles sous forme crue, parce qu'ils sont ordinairement employés spécifiquement pour traiter certains troubles.

La petite centaurée – un des ingrédients du vin aromatique

Mélange sain d'herbes avec du lait

Les plus connus sont les jus d'ortie frais. On préconise par ailleurs en cure de printemps le cresson de fontaine, la verveine, la pimprenelle et diverses herbes sauvages telles que la bourse-à-pasteur, le lamier, l'aigremoine, le pissenlit et les pousses de houblon sauvage. Il faut traiter le matériel nettoyé aussi frais que possible. Vous pouvez aussi congeler provisoirement les jus dans des bacs à glaçons. Pour pouvoir les boire, les jus de plantes frais doivent toujours être fortement dilués avec de l'eau minérale, du lait, du yaourt, du kéfir, etc.

En principe, les jus pressés frais de même que les glaçons décongelés contenant des jus pressés doivent être consommés le jour même!

Teintures, extraits végétaux alcoolisés

Contrairement à la tisane, la teinture renferme surtout les substances solubles dans l'alcool. Pour la réaliser, nous employons au départ des herbes fraîches ou déshydratées, écrasées ou réduites en poudre que nous mettons dans une bouteille; nous versons dessus de l'esprit-de-vin, nous laissons reposer dix à quinze jours en bouteille fermée, nous secouons plusieurs fois le mélange, nous le filtrons et nous en remplissons des flacons. Les teintures d'herbes s'obtiennent aussi en versant de l'alcool directement sur des herbes préparées dans des filtres à café.

Pommades, baumes et crèmes

Les pommades et onguents sont des substances lénitives légèrement huileuses ou grasses à usage externe. Pour les réaliser, on recourt à des herbes fraîches ou séchées. On peut également préparer des pommades et des crèmes à l'aide d'huiles d'herbes et de teintures. À cet effet, les matières premières sont chauffées avec des substances grasses, comme de la lanoline, de l'huile d'amande douce ou du saindoux, et filtrées; les pommades sont durcies par adjonction de cire d'abeille. On peut prolonger la durée de conservation en étanchéifiant les petits pots remplis de pommade avec une couche de paraffine.

On peut faire un onguent médicinal soi-même à base de fleurs de souci.

Attention: les pommades, baumes et crèmes sont à conserver au réfrigérateur et ne se gardent que quelques semaines!

Exemple de fabrication «maison» d'une pommade à la fleur de souci:

Faire fondre à feu doux 200 g de saindoux dans une casserole, ajouter une poignée de fleurs de souci, bien remuer et laisser refroidir. Après 24 heures, faire fondre de nouveau et passer au travers d'une toile.

Huiles de massage et de soin pour la peau, bains d'herbes

L'une des méthodes les plus anciennes d'extraction des principes actifs des plantes est la production d'essences d'herbes. La médecine populaire fait volontiers usage des diverses essences d'herbes, parce qu'elles sont faciles à réaliser soi-même et qu'elles ont de multiples applications médicales naturelles. Les plus connues sont l'essence de menthe poivrée, l'essence de lavande, l'essence rouge de millepertuis, l'essence d'aneth, l'essence de thym, l'essence de mélisse et l'essence de romarin. Les huiles essentielles végétales étant solubles dans les huiles grasses – l'huile d'olive, de tournesol ou d'amandes par exemple – c'est ainsi qu'on les extrait. Nous ajoutons une poignée d'herbes – sèches de préférence – à un litre de bonne huile de cuisine (de l'huile d'olive si possible), et nous laissons macérer au soleil deux ou trois semaines. L'essence de millepertuis se colore en rouge foncé pendant cette période, du fait de la libération d'hypéricine, un colorant contenu dans les pétales. Nous pouvons ensuite passer l'huile au travers d'un fin chinois en exprimant bien les herbes et en remplir de jolis bocaux. Les essences végétales sont généralement réservées à un usage externe, friction ou massage, mais on peut aussi les ajouter à des bains ou les employer comme produit de beauté naturel. Pour les soins de la peau, on emploie notamment des huiles à base de souci, de millepertuis, de guimauve ou de romarin; en massage, celles à base d'arnica, de camomille, de lavande, de romarin, de fleurs de molène, de menthes ou de mélisse. Les essences d'herbes ne se conservent que quelques mois.

Avec du millepertuis, on peut préparer une huile de soin rougeâtre pour la peau.

Les herbes
à l'heure du thé

Décontractée, adaptée à toutes les circonstances, l'heure du thé est toujours synonyme de bien-être, d'atmosphère agréable et signe d'un mode de vie raffiné – telle est la culture du thé. «Make friends with tea» disent les Anglais. Tout cela est également vrai pour le vaste choix de tisanes qui, dans beaucoup de pays, sont bues en quantités presque équivalentes du thé noir. Il est certain que le souci croissant des gens pour leur santé et les progrès de la diététique ont largement contribué à cette évolution; mais ce constat réjouissant est également dû à l'intérêt grandissant manifesté pour les herbes du jardin en vue de pouvoir préparer soi-même à volonté de savoureuses tisanes et autres thés à base de plantes.

Si vous êtes un passionné des herbes, vous ne tarderez pas à constater qu'il est possible de préparer des tisanes dans une vaste gamme de variantes et de nuances de goûts.

Il n'existe en fait aucune autre boisson plus délicieuse, plus digeste que la tisane aromatique à boire pendant ou entre les repas, pour faire oublier les petits tracas quotidiens ou pour étancher la soif les jours de canicule.

Tisanes et autres thés

Dans le cadre des préparations à base d'herbes, nous faisons la distinction entre les tisanes médicinales et les tisanes «maison» ou familiales riches en possibilités de mélanges d'herbes.

À droite: les fleurs d'aubépines conviennent bien à la préparation d'infusions.

Tisanes médicinales
Le thé médicinal est prescrit, générale-ment par le médecin, dans le traitement de certaines maladies et en cures. La tisane médicinale, qui ne peut pas comporter plus de quatre espèces d'herbes différentes, est composée de la plante médicinale principale et d'une autre espèce susceptible, le cas échéant, de renforcer les effets curatifs de celle-ci (adjuvant).

La tisane de sureau et de fleurs de tilleul est souveraine contre les refroidissements.

En complément, on peut trouver deux autres constituants végétaux comme ex-cipients et pour en améliorer le goût et l'aspect. Les tisanes médicinales con-nues sont notamment le thé expectorant

et béchique au thym et au tussilage, le thé cardiotonique à l'aubépine, le thé cholagogue et cholérétique à la chicorée sauvage et à l'achillée millefeuille, le thé stomachique à l'absinthe, le sureau commun et le tilleul contre les refroidissements, la sauge et la camomille pour les gargarismes et la valériane et la mélisse pour calmer les nerfs. Nous devrions faire préparer les tisanes médicinales par le pharmacien pour des raisons fondées: l'homme de l'art garantit la composition exacte du thé prescrit et la haute qualité du matériel.

Tisane «maison» et familiale

Pour nous, le vaste champ de la préparation des tisanes domestiques

reste un plaisir sain, gage de la bonne santé de toute la famille. Il s'agit en général des remèdes doux connus que sont la camomille, les espèces de menthe, la mélisse, les fleurs de tilleul, les feuilles de framboisier, de mûrier et de fraisier, les feuilles de cassis, les fleurs de sureau et le cynorhodon, la sauge, le fenouil, le romarin, la lavande, le souci, l'achillée millefeuille, le thym et l'aubépine. Nous pouvons composer notre savoureuse tisane «maison» nous-mêmes à partir du matériel récolté dans notre propre jardin d'herbes, en fonction des desiderata des membres de la famille.

Mélanges de tisanes «maison» - compositions personnelles

Les mélanges d'herbes composés en fonction des goûts individuels et personnalisés sont très populaires dans les foyers. On les boit le matin, pendant la journée aux différents repas, chauds ou froids et le soir avant de s'endormir. Nous réalisons notre mélange «maison» en puisant dans le large éventail des herbes à tisane du jardin, complété par des herbes récoltées dans la nature, en tenant compte de besoins spécifiques tels que la prévention des refroidissements, la relaxation, l'amélioration de la digestion et le soutien du processus de convalescence. Mais faire à chaque fois des mélanges

La mélisse est une espèce d'herbe essentielle dans le tisanier familial.

94

individuels est compliqué et exige quelques connaissances.

Par expérience, nous recommandons de débuter par 1/3 à 1/2 du mélange avec une tisane de base. Nous pouvons à cet effet recourir aux espèces de menthe comme la menthe poivrée et la menthe pomme, à la camomille, au fenouil, au thym, au romarin, à la mélisse, à la sauge ou aux fleurs de tilleul. Ensuite, pour améliorer le goût et la couleur, nous pouvons ajouter des feuilles de cassis, des fleurs de sureau, des épluchures de pomme, des cynorhodons, des mauves, des soucis, de l'achillée millefeuille et des fleurs de millepertuis.

Grâce à la diversité des principes actifs contenus dans les herbes (huiles essentielles, principes amers, tanins, mucilages, etc.), une composition correcte des mélanges peut ajouter à leur efficacité, voire la décupler le cas échéant. Il est logique et utile de préparer plusieurs tisanes domestiques et de les identifier clairement. À présent, il ne reste plus qu'à respecter la dose correcte lors de la préparation et toute la famille pourra profiter des infusions d'herbes. Par ailleurs, en variant fréquemment les mélanges, on combat la monotonie, la satiété et aussi l'habitude.

Le thym est surtout apprécié en hiver comme tisane de santé.

Tisanes froides rafraîchissantes

Les jours de grande chaleur, les tisanes froides étanchent parfaitement la soif. Les herbes préconisées qui composent ce genre de tisanes sont notamment les espèces de menthe, la mélisse, les feuilles de mûrier, le fenouil, les cynorhodons et les fleurs de sureau ainsi que nos mélanges «maison» qui ont fait leurs preuves. Les additifs aux tisanes estivales les plus connus sont le citron et autres jus de fruits, et l'eau minérale.

Après l'avoir infusée et passée, nous pouvons déjà adoucir notre tisane avec un peu de sucre, de miel ou d'édulcorant, la mettre à rafraîchir et, avant de servir, l'agrémenter de jus et de petits morceaux ou de rondelles de fruits, comme l'ananas ou l'orange, et de glaçons. Avec un peu d'adresse et

Les thés froids sont des boissons alternatives rafraîchissantes en été.

d'imagination, il y a moyen de confectionner de délicieuses boissons pour désaltérer tout le monde. Essayez de faire vous-même vos boissons aux herbes.

Le thé noir aux herbes

Le nom de thé est devenu un terme générique dérivé du théier chinois, autrefois *Thea nigra*, le thé noir. On rapporte que dès 2732 avant J.-C., l'empereur chinois Sheng Nung aurait découvert l'action stimulante du thé. Des écrits relatifs à la cérémonie chinoise du thé existent depuis 273 après J.-C., tandis que l'importation de thé dans les pays européens ne remonte qu'au XVIIe siècle. Par la suite, la généralisation du thé noir comme denrée de luxe stimulante fut considérable. Le thé noir, dont il existe aujourd'hui de nombreuses variétés aromatisées dans le commerce, avec une teneur en caféine de 2 à 4 %, est certes

96

une drogue légère, mais dont les effets potentiels ne devraient pas être sous-estimés. Une consommation excessive aurait un effet anémiant sur l'organisme. Mais le vrai thé noir est aussi mal supporté par les malades et, dans certaines affections telle l'hyperthyroïdie, il est même interdit par la médecine. Il serait cependant dommage de renoncer à cette boisson aromatique. Aussi est-il conseillé de la remplacer par un thé noir de fabrication «maison».

Les espèces qui se prêtent à la confection du thé noir aux herbes sont notamment le mûrier, le fraisier, le framboisier et le cassis (feuilles).

La couleur foncée et l'arôme épicé proviennent de la fermentation. Faites-en l'expérience et développez votre

Les feuilles de cassis aromatisent et complètent la tisane «maison». Leur teneur en tanin les rend aussi aptes à la préparation de thé noir aux herbes.

Les espèces d'herbes dont les feuilles contiennent des tanins, telles les mûres, font de bons thés noirs aux herbes.

propre méthode de fabrication. Après la récolte, on laisse les feuilles se flétrir pendant au moins une journée. Puis elles ont intérêt à être entassées dans un pot en grès, légèrement humidifiées, le tout recouvert d'une assiette surmontée d'une pierre. Pour le processus de fermentation, vous avez besoin de chaleur.

À 30° C environ, la fermentation est achevée après trois jours. Les feuilles sont ensuite nettement plus sombres et dégagent un arôme de thé frais.

Enfin, l'étape habituelle suivante est le séchage. Vous pouvez omettre l'enroulement des feuilles de thé comme c'est l'usage pour le thé noir. Au point de vue gustatif, ce sont les feuilles de mûrier qui se rapprochent le plus du véritable thé noir. Mais pourquoi ne pas faire des expériences avec d'autres herbes riches en tanins? On peut aussi confectionner un succulent thé noir «maison» avec de la mélisse officinale, de la menthe poivrée ou d'autres espèces d'herbes.

Pourquoi boire des tisanes?

Pourquoi, après tout, préparons-nous du thé à base de plantes? Eh bien, en général, les principes actifs des plantes se dissolvent parfaitement dans l'eau et – quand on les ingère sous forme de tisane ou d'autres boissons à base d'herbes – sont rapidement assimilés et distribués par l'organisme. On sait que les tisanes renferment des huiles essentielles (comme la camomille et les menthes), des tanins, des principes amers, des mucilages qui ont de multiples influences sur l'organisme. Les tisanes peuvent aussi couvrir une partie des besoins journaliers en liquide de l'homme. Le bilan hydrique moyen d'un adulte est de 1 à 2,5 litres par jour. Un organisme sain satisfait ses besoins hydriques grâce à la sensation de soif. La quantité bue devrait pour bien faire être répartie sur l'ensemble de la journée. Le café et le thé noir ne font pas partie des boissons propres à étancher la soif. Au contraire, ils activent la fonction rénale, font davantage uriner et augmentent la sensation de soif. En revanche, les boissons à base d'herbes sont désaltérantes par excellence.

Préparer correctement une tisane

La préparation des tisanes n'est pas compliquée à condition de respecter quelques règles fondamentales. Il y a lieu d'extraire les constituants des herbes le plus précautionneusement et le plus complètement possible à l'aide d'infusions, de décoctions ou d'extraits à l'eau froide.

L'**infusion**, procédé le plus courant, est appliquée notamment à toutes les herbes ayant des huiles essentielles. Pour ce faire, on met la mesure d'herbes dans la théière en céramique, porcelaine ou verre (pas en métal!) préalablement ébouillantée, on verse de l'eau bouillante par-dessus et on laisse infuser le tout avec le couvercle pendant une dizaine de minutes. Une fois passée, l'infusion est ensuite prête à être servie. Il est également possible de faire infuser des herbes dans du lait chaud. Le plus connu est le lait à la menthe poivrée que l'on prend le soir pour favoriser l'endormissement.

Afin de préparer de petites quantités de tisane, prenez des tasses à thé décoratives en porcelaine avec couvercle et passe-thé incorporé.

La façon correcte de préparer une tisane
1 On rince une théière en céramique, en verre ou en porcelaine avec de l'eau chaude.
2 On met la dose exacte de tisane dans le passe-thé.
3 Puis l'on verse de l'eau bouillante et on laisse infuser une dizaine de minutes à couvert. Pour finir, on retire le passe-thé avec la tisane. C'est prêt.

La **décoction** est essentiellement nécessaire pour les drogues à base d'écorce, de bois et de racine afin de libérer les constituants moins prompts à se dissoudre. En règle générale, pour faire une décoction, on jette la tisanes émiettée dans l'eau que l'on fait chauffer 15 à 30 minutes jusqu'à ébullition, puis on laisse infuser 5 à 10 minutes avant de passer la tisane.

L'**extrait à froid** est surtout indiqué pour les sortes de tisanes mucilagineuses comme la rose trémière. Par comparaison avec la décoction, on emploie le double de la quantité d'eau, on ajoute la tisane émiettée et on laisse le tout reposer pendant six à douze heures. Il est préférable de remuer fréquemment pendant cette période.

Pour une **préparation mixte**, on ébouillante la tisane issue de l'extrait à froid avec la moitié de la quantité d'eau, puis on réunit de nouveau les deux éléments. Les extraits à froid peuvent également se faire avec du lait. On peut aussi employer directement des herbes fraîchement cueillies telles que la menthe poivrée et la mélisse. Ajoutées finement hachées dans du lait écrémé, elles donnent déjà quelques heures après une tisane de lait que l'on peut passer et servir légèrement sucrée.

En quelles quantités? Toutes les herbes, moyennant une récolte et une préparation correctes, possèdent des concentrations précises en principes actifs et une saveur qui leur est propre. D'ordinaire, on recommande une à une cuillerée à café et demie d'herbes séchées par tasse; c'est la quantité que l'on peut prendre entre le pouce et l'index ou entre le pouce, l'index et le majeur.

Cette règle est également valable pour les tisanes mixtes qui contiennent à la fois des fleurs, des feuilles et des racines. Les quantités exceptionnelles, dans le cas de l'absinthe par exemple, sont mentionnées expressément dans les recettes. Si vous utilisez des herbes fraîches du jardin, il faut compter le triple de la quantité.

Faut-il sucrer les tisanes? Les vrais amateurs d'herbes refusent tout ajout de sucre, parce qu'ils veulent pouvoir goûter intégralement les différentes espèces d'herbes et jouir de leurs nuances aromatiques. Il ne fait par ailleurs aucun doute que l'addition modérée de sucre, d'édulcorant ou d'alcool (rhum)

est un plus pour beaucoup de tisanes. Le miel a d'ailleurs le pouvoir dans bien des cas de renforcer les propriétés curatives des herbes à tisane.

L'atmosphère du thé et la symbolique des herbes

Si la tisane doit produire l'effet désiré, contribuer à la bonne santé et promouvoir le bien-être, il faut qu'à l'heure du thé, tout ce qui l'entoure soit au

La camomille – symbole de joie, de contentement et de bonté

La sauge représente la gloire et la reconnaissance.

diapason. Une atmosphère appropriée, une table joliment dressée, l'absence de précipitation et de bruits intempestifs sont dès lors essentielles.

Peut-être pouvons-nous nous inspirer des cérémonies du thé pratiquées en Orient, en Angleterre ou en Frise orientale. En effet, pas question d'«avaler d'un coup» notre tisane, mais il faut la déguster lentement gorgée après gorgée et en profiter par tous les sens. Les ama-

Le souci symbolise le charme et la beauté.

Boire du thé ou des tisanes signifie prendre son temps et savourer avec tous ses sens.

teurs se réfèrent en outre à la symbolique des herbes à tisane, car, dans des temps reculés, les gens avaient conféré des valeurs symboliques aux plantes médicinales en signe de gratitude. Symboliquement, c'est l'intériorité, le spirituel qui était exprimé. C'est ainsi que la mélisse officinale signifiait amitié et bonheur onirique. Le romarin est le symbole de l'amour entre deux êtres. La camomille représente la joie, le contentement et la bonté. La marjolaine est promesse de succès et de prospérité, le thym symbole de courage, de vaillance, de caractère

102

chevaleresque et de confiance en Dieu et la sauge promesse de gloire et d'immortalité. Les soucis sont censés apporter charme et beauté. Les espèces de menthe favorisent la sagesse et l'intelligence. Les mauves sont le symbole de la beauté plastique, la lavande celui de la pureté, de la fidélité et de la persévérance. La sarriette évoque la sensualité, le basilic l'initiative, l'inventivité, la volonté de possession, alors que l'absinthe représente la connaissance de soi, le sens des réalités et la force de caractère. La bourrache apporte gaieté et clarté dans les pensées. Le sureau, enfin, signifie vénération, sens de la vie de famille et sécurité.

Nous vous recommandons, dans un souci de convivialité, de mélanger les simples d'après leurs contenus symboliques et de les adapter de manière très personnelle à chaque occasion; par exemple mélangez la joie et la gaieté avec la beauté ou le charme, en y ajoutant une pincée d'initiative ou de vénération. Peut-être réussirez-vous par ce biais à vous faire de nouveaux amis pour préparer de savoureuses tisanes et autres thés.

Délicieuses recettes
aux herbes

Des séminaires sur les herbes promettent des résultats durables dès lors que la transmission d'un savoir théorique se double d'exercices pratiques à l'aide d'exemples, que l'on déguste et où l'on évalue en commun ses propres préparations. Laissez-vous convaincre par les recettes qui suivent.

L'authentique sauce verte - une spécialité

Elle se compose de sept herbes fraîchement cueillies: bourrache, cerfeuil, cres-

Buffet végétarien: tous les plats ont été aromatisés avec des herbes.

son alénois, persil, pimprenelle, oseille et ciboulette, que l'on trouve en mélange tout prêt selon des proportions équilibrées. Pour une famille de quatre personnes, il faut laver, sécher et hacher environ 200 g de ce mélange à l'aide d'un hachoir.

Voici un assortiment d'herbes de la «sauce verte».

Ce plat intéressant est servi avec des pommes de terre, de la viande froide ou encore du poisson et des toasts.

Beurre d'herbes à tartiner

Nous mettons du beurre non salé à température ambiante avec des herbes finement hachées: basilic, aneth, estragon, cerfeuil, un peu de livèche, pimprenelle, mélisse et ciboulette dans un saladier préalablement bien frotté d'ail, nous ajoutons un peu de jus de citron et nous mélangeons le tout énergiquement avec un mixeur à main. Puis nous formons des

Tour à persil
Cette tour est remplie de terreau ou d'un mélange (à parts égales) de sable, d'argile et d'humus d'écorces. Le persil pousse même tout autour (Ø 5 cm). On peut aussi cultiver d'autres espèces d'herbes dans cette tour, comme de la marjolaine, du thym, de l'hysope ou de la menthe.

La ciboulette — une herbe aromatique aux multiples usages que l'on peut cultiver en pot toute l'année

Dans le bol mixeur du robot ménager, mélangez ces herbes avec un peu de crème épaisse ou de lait. Ajoutez-y, selon les goûts, le jus d'un citron ou un peu de vinaigre de fruit, 125 g de mayonnaise ou deux pots de yaourt, éventuellement aussi un peu de sel, de poivre, de sucre et de moutarde. Disposez enfin huit œufs durs, coupés en deux dans le sens de la longueur, dans la sauce terminée et décorez le tout de quelques herbes fraîches.

rouleaux de beurre typiques enveloppés de papier aluminium et nous les laissons durcir au réfrigérateur.

Il est également possible de faire la même chose avec des rillettes et de la graisse d'oie et de confectionner ainsi une savoureuse garniture de pain.

Dips aux herbes

Chez nous aussi les dips sont à la mode dans les soirées et les cocktails (en anglais, «to dip» = plonger, tremper). Des légumes crus ou des biscuits salés trempés dans des dips se transforment en amuse-gueule piquants.

Le lait aux herbes est vite préparé, digeste et donne un coup de fouet.

Les herbes confèrent au lait ou au babeurre un arôme épicé.

Les dips aux herbes s'accommodent de nombreuses herbes aromatiques dans les combinaisons les plus variées. Nous prenons 500 g de fromage blanc et 1/2 pot de crème, et nous les mélangeons avec un peu d'eau chaude pour obtenir une masse onctueuse; puis nous éminçons le plus finement possible les herbes: basilic, aneth, vert d'ail, cresson alénois et pourpier par exemple; nous ajoutons deux tomates épluchées coupées en dés et nous relevons le tout avec du paprika et du vinaigre aux herbes.

Lait aux herbes contre l'asthénie

Dans un litre de lait froid ou de babeurre, nous mettons les herbes préparées (quatre à cinq cuillerées à soupe au total): bourrache, aneth, estragon, cerfeuil, persil, un peu de feuilles de céleri et d'orpin réfléchi; nous mixons le mélange et nous en remplissons des gobelets de verre.

Huile aux herbes à la provençale pour salades

On aromatise un litre d'huile d'olive avec une cuillerée à soupe d'ail coupé en lamelles, une cuillerée à soupe de romarin, de thym, de sarriette et de marjolaine, une cuillerée à café de grains de poivre et un peu de sel. Ce mélange doit ensuite macérer dix jours dans un endroit chaud, puis être filtré et transvasé dans une jolie bouteille décorative. Cette huile aromatisée aux herbes peut – en fonction de l'huile utilisée – se conserver pendant deux ans au maximum.

Mélanges d'herbes classiques - fines herbes et bouquets garnis

Les **fines herbes** sont un mélange d'herbes aromatiques séchées employé traditionnellement en cuisine française. Les espèces ci-dessous, dénommées aussi les sept Françaises, sont accordées entre elles, mélangées et, au besoin, pilées finement au mortier: basilic, sarriette, cerfeuil, marjolaine, persil, romarin et ciboulette. Il est possible d'ajouter subtilement d'autres herbes. Ce mélange d'herbes incomparable se marie avec tous les plats de viande, les salades, les légumes et les sauces raffinées.

Les **bouquets garnis** sont diverses herbes

L'origan – un des éléments du bouquet garni

liées ensemble ou contenues dans un sachet (en général trois herbes ou plus) que l'on retire avant de servir. Ces mélanges d'herbes que l'on fait soi-même pour des recettes de viande se composent de basilic, de sarriette, d'origan, de marjolaine, de romarin et de sauge.

Pour préparer du hachis, des pains ou des boulettes de viande hachée, il y a lieu entre autres d'amalgamer le mélange à la viande, d'en enduire d'abord la viande de bœuf à rôtir, d'en épicer les

110

steaks après la cuisson, d'ajouter les bouquets garnis pendant la cuisson de la viande à bouillir ou à braiser. Ce mélange est aussi excellent pour les soupes et les bouillons de viande que pour les ragoûts.

Les <u>bouquets garnis pour potages</u> sont des mélanges à base de basilic, de sarriette, d'estragon, de marjolaine, de persil et de thym. Ces mélanges sont ajoutés, durant la cuisson des potages, aux haricots, aux pois, au poisson, à la viande, à la volaille et aux pommes de terre notamment.

Pour faire un mélange d'herbes, on écrase les herbes qui conviennent au mortier selon sa propre recette.

Aide pour les mélanges

Dans un premier temps, les mélanges indiqués seront réalisés dans des proportions plus ou moins identiques. Si le résultat ne correspond pas à votre goût personnel, accentuez certaines herbes, tel le persil, ou atténuez-en d'autres, telle la sarriette.

Sel d'épices et substitut de poivre «maison»

On mélange à du sel de cuisine de l'estragon, du persil, du poireau, de la sauge et de l'oignon finement moulus. Ce sel aux épices doit être conservé au frais dans un récipient non fermé. Le substitut de poivre s'obtient en mélangeant du basilic et de la sarriette en parts égales en ajoutant du romarin – selon les goûts.

Mélanges d'herbes pour pizzas, risottos et spaghettis

On mélange en parts égales de l'origan, du thym, du romarin, de la sauge et du basilic, et on pile ce mélange au mortier; on termine en ajoutant une pointe de poivre. Ce mélange d'herbes typiquement italien rehausse non seulement parfaitement les pizzas, les risottos et les spaghettis, mais sert aussi à relever la viande hachée et d'autres plats de viande.

Épices pour charcuteries «maison» (abattage à domicile)

saucisse à bouillir: marjolaine, thym
saucisson sec: ail, grains de moutarde, oignon

Chaque saucisse n'acquiert sa saveur typique qu'après adjonction des bonnes herbes aromatiques.

saucisson de foie: basilic, sarriette, marjolaine, oignon étuvé
saucisse à frire: grains de poivre, un peu de sauge et de cumin
boudin noir: marjolaine, thym, oignon; ajouter du romarin en cas de salaison

Épices pour fouaces, petits pains aux herbes et pizzas aux herbes

Fenouil, coriandre, cumin, graines de lin et de pavot, romarin, thym.
Pour les pâtisseries, il faut ajouter l'anis et l'aspérule odorante.

Quelles épices se marient avec quel plat?

Rôtis: basilic, armoise, sarriette, estragon, livèche, marjolaine, poivron, persil, sauge et thym.

Volaille: basilic, armoise, sarriette, aneth, livèche, marjolaine, romarin, thym.

Poisson: basilic, sarriette, aneth, livèche, raifort, persil, romarin, sauge, céleri, moutarde (moulue), oignon.

Gibier: basilic, sarriette, coriandre, livèche, marjolaine, romarin, thym.

Crudités: anis, basilic, bourrache, aneth, estragon, ail, livèche, raifort, mélisse, persil, pimprenelle, oseille, ciboulette, orpin réfléchi, espèces d'oignon.

Légumes: anis, basilic, sarriette, bourrache, estragon, cerfeuil, coriandre, livèche, marjolaine, mélisse, persil, sauge, oseille, ciboulette, rue (avec parcimonie) et espèces d'oignon.

Salades: basilic, sarriette, bourrache, aneth, estragon, vert de fenouil, mélisse, persil, pimprenelle, oseille, ciboulette, thym, orpin réfléchi, espèces d'oignon.

Sauces: basilic, sarriette, aneth, livèche, marjolaine, mélisse, origan, menthe poivrée.

Potages: basilic, sariette, aneth, cerfeuil, poireau, livèche, poivron, persil, pourpier, oseille, céleri.

Le carvi est l'épice de la charcuterie et du
pain par excellence.

La livèche aromatise les soupes, les sauces
et les plats de pommes de terre.

Portraits de plantes

Ce que nous devrions savoir sur les herbes

Au sens botanique du terme, on entend par herbes des plantes non ligneuses à la vie éphémère. En phytothérapie et en art condimentaire, en revanche, le terme «herbes» est passé dans la langue pour désigner n'importe quelle espèce végétale médicinale ou aromatique.

Suivant leur durée de vie, nous divisons les plantes médicinales et aromatiques en plantes annuelles, bisannuelles et pluriannuelles. Dans le cas des plantes aromatiques, on y ajoute un groupe spécial, celui des Alliacées (oignons et poireaux).

Les annuelles
Pour les herbes annuelles telles que

L'aneth fait partie des herbes annuelles.

l'aneth et le cerfeuil, nous assistons à la germination, à la floraison et à la fructification au sein d'une même période végétative. Toute la plante meurt au plus tard à l'arrivée des gelées. Elle se perpétue grâce à la multiplication des semences.

Les bisannuelles

Les espèces bisannuelles telles que le persil et le cochléaire (herbes aux cuillers) produisent des feuilles et des pousses lors de la première année de développement, puis les plantes hibernent et ne produisent des fleurs et des graines que l'année suivante.

Les pluriannuelles

Pour les espèces végétales pluriannuelles, en revanche, la floraison et la fructification peuvent intervenir immédiatement ou plus tard, souvent au terme de plusieurs années seulement, mais alors pour se répéter chaque année. Les plantes vivaces, les sous-arbrisseaux, les arbrisseaux, les arbustes et les arbres appartiennent à la catégorie des espèces pluriannuelles.

Les vivaces sont des plantes herbacées dont les parties aériennes molles se dessèchent à l'automne et meurent à l'exception des racines, des rhizomes et des tubercules ou des bulbes (oignons) persistants. Les bourgeons des vivaces, qui sont garants de leur survie et d'un nouveau bourgeonnement au printemps, sont généralement situés à la surface ou directement au-dessus, rarement dans le sol. Les vivaces qui ne perdent pas leurs feuilles vertes en hiver méritent une mention spéciale. Il s'agit en règle générale

Le cochléaire, une espèce bisannuelle, ne développe fleurs et graines que pendant la deuxième année.

d'espèces couvre-sol.

Les sous-arbrisseaux comme l'hysope meurent en hiver à l'exception des parties ligneuses qui résistent au gel.

Les véritables ligneux, les arbrisseaux, les arbustes et les arbres, perdent la majeure partie de leurs feuilles en automne et résistent à la période froide puisqu'ils sont lignifiés.

Les plantes protégées - les plantes à protéger

En vue de la protection de la diversité, de

117

La primevère officinale fait partie des plantes protégées et ne peut pas être récoltée dans la nature.

la beauté et de la singularité de la nature et du paysage, des lois et des décrets de protection de la nature interdisent la cueillette de plantes spécifiques. Quiconque voudrait compléter l'éventail d'herbes médicinales et aromatiques de son jardin en cueillant des espèces en pleine nature doit d'abord s'assurer que ces dernières ne sont pas protégées ou que cela ne cause pas préjudice à leur existence. La cueillette de plantes non protégées est également prohibée dans les réserves naturelles avérées. En outre, des listes rouges des espèces végétales menacées ont été établies et publiées en fonction du degré de menace qui pèse sur elles, à savoir exterminées, menacées d'extinction, très

menacées, menacées. L'ami de la nature et des plantes ne manquera pas de tenir compte de ces préoccupations en matière de protection. Il a d'ailleurs le loisir de récolter à la place d'autres herbes non protégées aux vertus similaires ou encore d'acclimater dans son jardin des espèces rares protégées qu'il peut se procurer dans des jardineries spécialisées.

Les herbes aromatiques

Vous trouverez ci-dessous des indications relatives aux médecines naturelles.

Utilisées à doses modérées, comme c'est le cas en cuisine, les herbes sont inoffensives. Mêmes préparées en salade, d'aucunes sont très savoureuses et à recommander, mais mieux vaut éviter de consommer l'une ou l'autre d'entre elles en grande quantité sur une période prolongée (la capucine ou l'oseille par exemple). Certaines permettent d'améliorer de légers troubles de santé dans la mesure où elles sont clairement réputées à cet effet. En cas de maux plus graves ou persistants, une visite chez son médecin s'impose.

De nombreuses herbes aromatiques ne poussent pas que dans les jardins, mais nous pouvons en disposer toute l'année, cultivées dans des pots.

Herbes aromatiques annuelles

Anis vert
Pimpinella anisum
Généralités: Apiacées; jusqu'à 0,80 m.
Caractéristiques: drogue à semences; fleurs blanches en juillet/août; toute la plante a une odeur douce et épicée, typiquement anisée.

Basilic *(Ocimum basilicum)*

Anis vert *(Pimpinella anisum)* – fleur

Basilic
Ocimum basilicum
Généralités: Labiées; jusqu'à 0,60 m.

Basilic – variété à feuilles rouges

Culture: exposition chaude, ensoleillée; terrain bien drainé; semis dès avril en lignes distantes de 0,30 m, germination trois à quatre semaines.
Parties utilisées: jeunes plantes; graines.
Utilisation culinaire: la plante en légume, en salade, pour sauces, fromage blanc; les graines en pâtisserie, dans la compote.
Utilisation médicinale: action apéritive, digestive, carminative, antispasmodique, expectorante.

Caractéristiques: on distingue le basilic à grandes et à petites feuilles, ainsi que le basilic citronné et les formes à feuilles frisées ou pourpres. La plante dégage un arôme puissant.

Culture: exige beaucoup de chaleur; les sols chauds et riches en humus sont privilégiés; arrosages suffisants en été; semis à partir de mai, germination sensible à la lumière (!), puis semis échelonnés.

Parties utilisées: feuilles et jeunes pousses – à l'état frais, séché, congelé.

Utilisation culinaire: mouton et porc, poisson, légumes, ragoûts, salades, crudités; ne pas faire cuire!

Utilisation médicinale: action apéritive et digestive, en cas de ballonnements et de flatulences; diurétique.

Sarriette commune *(Satureia hortensis)*

Sarriette commune
Satureia hortensis

Généralités: Labiées; jusqu'à 0,40 m.

Caractéristiques: la plante est très odoriférante et a un goût prononcé de poivre; floraison de juillet à octobre en blanc, rose ou mauve.

Culture: des sols légers et une exposition ensoleillée de préférence; tolère les périodes de sécheresse en été; semis à partir d'avril sous tunnel; semis en place à divers endroits; germination sensible à la lumière!

Partie utilisée: herbe coupée – à l'état frais, séché, congelé.

Utilisation culinaire: viande, gibier, charcuterie, fruits secs, substitut du poivre, à petites doses.

Utilisation médicinale: action digestive, évite les flatulences.

Bourrache
Borago officinalis

Généralités: Boraginacées; 0,50-0,80 m.

Caractéristiques: tige succulente; feuilles hérissées de poils raides; inflorescences lâches dès juin; fleurs généralement bleu lumineux.

Culture: aime les sols riches, calcaires; exige beaucoup de place; semis à partir d'avril; autogermination.

Parties utilisées: herbe, feuilles, fleurs – à l'état frais.

Utilisation culinaire: l'herbe et la feuille pour des salades de concombre ou autres, «sauce verte», poisson, œufs, pommes de terre, fromage blanc, champignons, jus, cidre, bière; les fleurs sont comestibles, décoratives.

Bourrache *(Borago officinalis)*   Cresson de fontaine *(Nasturtium officinale)*

<u>Utilisation médicinale:</u> action dépurative, diurétique et sudorifique; euphorisante.

Cresson de fontaine
Nasturtium officinale
<u>Généralités:</u> Brassicacées; 0,20-0,80 m.
<u>Caractéristiques:</u> pousses creuses longues de 0,80 m, sortant partiellement de l'eau; grappes de fleurs blanches de mai à septembre; herbe riche en vitamines. Le cresson de fontaine est en fait une espèce pluriannuelle mais se cultive comme une annuelle.
<u>Culture:</u> ruisseaux peu profonds, sols humides, sous tunnel; fossé fangeux; semis en caissettes en juin; mise en place en août; récolte d'octobre à mai.

Vous pouvez très facilement faire pousser du cresson de fontaine dans votre jardin.

Parties utilisées: pousses de 10 cm – à l'état frais.

Utilisation culinaire: salades, jus de fruits frais.

Utilisation médicinale: action dépurative, stimule le métabolisme, diurétique, contre les affections de la peau et le rhumatisme.

Aneth (odorant)
Anethum graveolens
Généralités: Apiacées; jusqu'à 1,20 m.
Caractéristiques: arôme intense et saveur prononcée; les graines ont un goût de cumin.
Culture: exposition ensoleillée chaude;

Aneth *(Anethum graveolens)*

semis à partir d'avril sous tunnel avec plusieurs semis consécutifs; floraison à partir de juillet.

Parties utilisées: herbe – à l'état frais, séché, congelé; graines.

Utilisation culinaire: l'herbe parfume les salades, les légumes, les potages, les sauces, les crudités, les cornichons, les tomates, le poisson, la viande. Les graines s'emploient comme le cumin.

Utilisation médicinale: ouvre l'appétit, facilite la digestion; antispasmodique; lénitif.

Cresson alénois *(Lepidium sativum)*

Cresson alénois, cressonnette
Lepidium sativum
Généralités: Brassicacées; jusqu'à 0,50 m.
Caractéristiques: herbe condimentaire à développement rapide; goût de raifort prononcé; les variétés à grandes feuilles sont plus prolifiques.
Culture: peu exigeante au point de vue climat et sol; humidité constante; semis en place à partir de mars, culture sous abri toute l'année; ressemer après trois à quatre semaines; germination sensible à la lumière; mauvaise prégermination.

Capucine *(Tropaeolum majus)*

On peut aussi semer à l'intérieur en barquettes; cycle de culture entre trois et quatre semaines.

Partie utilisée: herbe – à l'état frais.

Utilisation culinaire: en salade, sauce verte, fromage blanc, plats aux œufs, pommes de terre, crudités, sandwiches.

Utilisation médicinale: action apéritive, digestive, dépurative, diurétique.

Capucine

Tropaeolum majus

Généralités: Tropéolacées; jusqu'à 0,30 m.

Caractéristiques: plante aromatique tapissante très florifère; saveur épicée comme le cresson alénois; floraison à partir de juin.

Culture: exposition ensoleillée; peu exigeante en matière de terrain; craint le gel; semis à partir de fin avril ou culture sous châssis à partir de début avril; repiquage après les saints de glace.

Parties utilisées: feuilles, fleurs, boutons – à l'état frais.

Utilisation culinaire: herbe pour salades, crudités, sandwiches (comme les autres espèces de cresson); les boutons peuvent remplacer les câpres; les fleurs sont décoratives.

Utilisation médicinale: stimule l'appétit, favorise la digestion; antibiotique; à employer de façon modérée!

Cerfeuil

Anthriscus cerefolium

Généralités: Apiacées; jusqu'à 0,80 m.

Caractéristiques: herbe aromatique à

Cerfeuil *(Anthriscus cerefolium)*

pain, fromage; éviter de le cuire!
Utilisation médicinale: action apéritive, dépurative, stimule le métabolisme, diurétique.

Coriandre
Coriandrum sativum
Généralités: Apiacées; jusqu'à 0,70 m.
Caractéristiques: les graines sont employées comme épices; feuilles finement découpées, odeur déplaisante (herbe à

Coriandre *(Coriandrum sativum)*

fleurs blanches au développement rapide, au parfum intense et à la saveur douce et anisée.
Culture: peu exigeant, mais demande une humidité suffisante sous peine de fleurir prématurément; ne craint pas le froid; semer en place, ne supporte pas le repiquage; semer à partir de mars et renouveler les semis par la suite; se ressème aussi spontanément au jardin; récolte après six semaines.
Parties utilisées: jeunes pousses, feuilles – à l'état frais, congelé.
Utilisation culinaire: soupes de printemps et d'herbes, «sauce verte», salades, tomates, crudités, fines herbes, beurre aux fines herbes, garnitures de

punaises); fleurs blanc-rosé, juillet/août.
Culture: préfère une exposition chaude et ensoleillée ainsi que des sols chauds, bien drainés et riches en humus; semis à partir d'avril; germination sensible à l'obscurité.

Lin *(Linum usitatissimum)* – fleur

Les graines de coriandre sont notamment utilisées en pâtisserie.

Parties utilisées: graines; récolter avant maturité complète, à la rosée de l'aube; en Russie, on recommande de manger les jeunes plants en légume.

Utilisation culinaire: les graines aromatisent les pâtisseries et les conserves, le gibier, les charcuteries, la goulasch, les sauces, les crudités, les betteraves rouges; les jeunes plants parfument les légumes.

Utilisation médicinale: action apéritive, digestive, antispasmodique, soulage les maux d'estomac et d'intestin.

Lin

Linum usitatissimum

Généralités: Linacées; jusqu'à 1,50 m.

Caractéristiques: plante à port dressé aux hautes tiges minces; fleurs d'un bleu éclatant en juillet/août; graines en forme de capsules sphériques.

Culture: une exposition bien ensoleillée favorise les semis précoces; pas de sols acides, pH 6 au minimum; semis en

Lin – graines

place en lignes peu espacées.

Parties utilisées: semences, graines – à l'état sec, broyé, huile de lin.

Utilisation culinaire: les graines se mangent entières ou concassées avec des produits boulangers.

126

Utilisation médicinale: action laxative non irritante grâce à la production de mucilages, à employer toujours avec beaucoup d'eau; utiliser les graines de lin concassées fraîches, car l'huile rancit très vite. En cataplasme pour les affections cutanées et les rhumatismes.

Marjolaine (officinale), grand origan
Origanum majorana
Généralités: Labiées; jusqu'à 0,50 m.
Caractéristiques: petites feuilles ovales sur tiges fortement ramifiées; petites fleurs blanches ou rose-mauve de juillet à octobre à l'aisselle de bractées rondes;

Marjolaine *(Origanum majorana)*

arôme épicé agréable.
Culture: exposition ensoleillée; semis en lignes à partir de mai; à éclaircir par la suite.
Partie utilisée: l'herbe juste avant la floraison; trois coupes sont possibles; à l'état sec, tamiser la récolte afin de séparer les feuilles et les sommités fleuries des tiges.
Utilisation culinaire: l'herbe fraîche ou la marjolaine séchée entrent dans la préparation de plats raffinés; pommes de terre, viande, charcuterie, ragoûts, tomates, fromage blanc.
Utilisation médicinale: action apéritive, en cas de troubles digestifs avec flatulences et crampes. Calmante, contre le rhume; relaxe les muscles dans le bain.

Poivron, piment
Capsicum annuum
Généralités: Solanacées; jusqu'à 0,60 m.

Le poivron est un légume et une plante condimentaire populaire riche en vitamine C.

Poivron *(Capsicum annuum)*

Caractéristiques: légume et plante condimentaire; fruits verts, jaunes, orange ou rouges; teneur élevée en vitamines C et A.

Culture: beaucoup de chaleur; sols fertiles avec humidité suffisante; semer en pépinière à partir de mars, repiquer après le 20 mai dans un endroit abrité, aussi sous châssis et tunnel.

Parties utilisées: fruits frais.

Utilisation culinaire: légumes et viande, goulasch, potages, sauces relevées, fromage blanc, charcuterie.

Utilisation médicinale: ouvre l'appétit et facilite la digestion.

Pourpier
Portulaca oleracea
Généralités: Portulacacées; jusqu'à 0,30 m.

Caractéristiques: plante à port prostré à feuilles charnues, à fleurs jaunes.

Culture: exposition chaude; sols bien drainés; plusieurs semis consécutifs à partir de mai; ne pas recouvrir les graines très fines, se contenter d'un arrosage léger; récolte après quatre semaines.

Parties utilisées: jeunes pousses, feuilles – à l'état frais, congelé.

Utilisation culinaire: salades, crudités, légumes, tomates, cornichons, fromage blanc, potages, sauces.

Utilisation médicinale: action dépurative, digestive, diurétique.

Pourpier *(Portulaca oleracea)*

blanc, en garniture de sandwiches.
Utilisation médicinale: action stimulante
en cas de cure dépurative de printemps.

Roquette *(Eruca sativa)*

Roquette
Eruca sativa
Généralités: Brassicacées; jusqu'à 0,50 m.
Caractéristiques: développement rapide;
feuilles fortement découpées en forme de
lyre réunies en rosette basale; fleurs jaune
pâle veinées de violet, à partir de juin.
Culture: à partir de février en pépinière et
sur couche à partir d'avril en place en
semis échelonnés; en hiver en terrines et
caissettes à l'intérieur.
Partie utilisée: herbe – à l'état frais.
Utilisation culinaire: épice à forte teneur
en vitamine C pour salades relevées avec
du fromage de brebis, pizzas, fromage

Moutarde blanche
Sinapis alba
Généralités: Brassicacées; également
connue sous le nom de moutarde jaune;
jusqu'à 1,20 m.
Caractéristiques: à développement rapide; feuilles hispides; fleurs jaunes à partir
de juin.
Culture: peu exigeante; la sécheresse
provoque une floraison précoce; semis
échelonnés à partir de mars.
Parties utilisées: jeunes pousses – à l'état
frais; graines.
Utilisation culinaire: employer les jeunes
pousses comme le cresson dans les salades, les crudités; les graines avec les
betteraves rouges, pour faire sa
moutarde soi-même.
Utilisation médicinale: action apéritive,
digestive; a une action bactéricide.

Moutarde blanche *(Sinapis alba)*

Barbarée commune *(Barbarea vulgaris)*

Herbes aromatiques bisannuelles

Barbarée commune
Barbarea vulgaris
Généralités: Brassicacées; 0,30-0,60 m.
Caractéristiques: la première année, feuilles pennées foncées et épaisses, disposées en rosette; la deuxième année, produit déjà des tiges florales en avril.
Culture: affectionne les sols humides, argileux; aussi en exposition semi-ombragée; il est possible de semer *Barbarea vulgaris* au printemps ou encore en automne.
Parties utilisées: herbe, feuilles (herbe aromatique d'hiver) – à l'état frais.

Utilisation culinaire: agrémente les salades relevées par son goût de cresson; également étuvée.
Utilisation médicinale: action apéritive, dépurative, diurétique, cicatrisante.

Angélique (vraie)
Angelica archangelica
Généralités: Apiacées; jusqu'à 2,50 m.
Caractéristiques: tiges creuses rigides aux feuilles vert clair fortement découpées et à gaines gonflées; fleurs blanc verdâtre en juillet/août au parfum de miel; la plante est très odoriférante; elle meurt au terme de la floraison.
Culture: a besoin de sols fertiles; exposi-

Angélique *(Angelica archangelica)*

Glaciale *(Mesembryanthemum crystallinum)*

tion humide et semi-ombragée; occupe beaucoup d'espace. Semis en place en août/septembre.

<u>Parties utilisées</u>: feuilles et pétioles frais pour assaisonner sauces, potages et salades; racines pour faire macérer dans du vin; les racines se récoltent à la fin de l'automne.

<u>Utilisation médicinale</u>: stimule l'appétit, favorise la digestion; spasmolytique; apaisante; dans la convalescence.

Glaciale

Mesembryanthemum crystallinum
<u>Généralités</u>: Aizoacées; rampante.
<u>Caractéristiques</u>: pousses charnues très

ramifiées; fleurs blanches à roses ressemblant à des fleurs de marguerites qui ne s'ouvrent qu'à midi.

<u>Culture</u>: exposition chaude; terre de jardin de préférence; semis en place au printemps ou reproduction par bouturage; protection indispensable en hiver.

<u>Parties utilisées</u>: extrémités des pousses et feuilles – à l'état frais.

<u>Utilisation culinaire</u>: salades.

<u>Utilisation médicinale</u>: action dépurative, apéritive.

Carvi, cumin des prés

Carum carvi
<u>Généralités</u>: Apiacées; jusqu'à 1 m.

La glaciale, mais aussi la lavande, la menthe, la mélisse, le romarin ou l'hysope se multiplient bien par bouturage.

Caractéristiques: la première année, formation de racines de «carottes» et de rosettes de feuilles; feuilles très découpées; apparition des fleurs de mai à juin la deuxième année.

Culture: les sols profonds, humides et calcaires sont préférables; aime aussi les climats humides; le carvi s'accommode mal du voisinage du fenouil; semis à la fin de l'été; aux expositions extrêmes, exige une protection en hiver. Le cumin (*Cuminum cyminum*), de culture encore rare, a des exigences similaires.

Parties utilisées: graines à partir de juin/juillet de la deuxième année; feuilles déjà au cours de la première année.

Utilisation culinaire: les graines parfument le chou, la choucroute, les ragoûts, les salades, les potages, la viande, la charcuterie, le fromage blanc, le fromage, les pâtisseries; le cumin est plus aromatique, assez piquant.

Utilisation médicinale: contre les flatulences et le manque d'appétit; spasmolytique; stimulant de la digestion.

Carvi (*Carum carvi*)

Cochléaire, cranson des Alpes
Cochlearia officinalis

Généralités: Brassicacées; jusqu'à 0,30 m.

Caractéristiques: feuilles basales en forme de cuiller; à partir de mai de la deuxième année, présente des fleurs blanches et odorantes; les feuilles ont un fort goût de cresson, avec en plus une saveur légèrement amère et salée.

Culture: nécessite un sol relativement humide; sinon peu exigeant; semis en mars/avril ou août/septembre.

Cochléaire *(Cochlearia officinalis)*

Persil plat *(Petroselinum crispum)*

Parties utilisées: feuilles (herbe aromatique d'hiver) – à l'état frais.
Utilisation culinaire: salades, pommes de terre, sandwiches; on peut atténuer son goût piquant par de la ciboulette.
Utilisation médicinale: stimule le métabolisme, facilite la digestion, employé dans les cures de printemps.

Persil
Petroselinum crispum
Généralités: Apiacées; 0,30-0,90 m.
Caractéristiques: herbe aromatique la plus importante; feuilles lisses ou frisées, racines proches de celles de la carotte et rosette de feuilles la première année; les feuilles dégagent un arôme âpre accentué; fleurs jaune-verdâtre à partir de juin/juillet de la deuxième année.
Culture: aime les sols fertiles et riches en humus; de l'humidité en suffisance avec éventuellement une exposition semi-ombragée; ne pas donner de fumier frais; semis en lignes à partir de mars avec des radis en raison de leur germination plus lente; il demande à être protégé en hiver avec des brindilles d'épicéa, un tunnel ou une cloche afin de prolonger la récolte.

Persil frisé

133

Parties utilisées: prendre les feuilles à l'extérieur, sans abîmer le cœur – à l'état frais, séché, congelé, salé.

Utilisation culinaire: salades, potages, sauces, ragoûts, pommes de terre, viande, légumes, «sauce verte», mélange de fines herbes.

Utilisation médicinale: action apéritive, digestive, diurétique, dépurative.

Herbes aromatique pluriannuelles

Armoise commune
Artemisia vulgaris
Généralités: Apiacées; jusqu'à 1,50 m.
Caractéristiques: espèce d'herbe indigène des bords de chemins et des éboulis; tiges rigides, ramifiées; feuilles pennées lobées; sommités florales en panicules allongées; fleurs à partir d'août.
Culture: facile en matière d'exposition et de climat; prend beaucoup de place; multiplication par division de touffes.
Parties utilisées: récolter les panicules peu avant la floraison et les faire sécher en bouquets sans les feuilles; jeunes feuilles – à l'état frais, séché.
Utilisation culinaire: rôtis gras, oie et mouton, poisson, champignons, légumes; dégage son arôme à la cuisson.
Utilisation médicinale: contre les troubles digestifs et la perte d'appétit.

Sarriette des montagnes
Satureia montana
Généralités: Labiées; jusqu'à 0,50 m.
Caractéristiques: ressemble par son arô-

Armoise commune *(Artemisia vulgaris)*

me et ses constituants à la sarriette commune annuelle, voir page 121; fleurs blanches, roses et lilas de juillet à septembre.
Culture: peu exigeante; également pour rocaille; multiplication par division ou semis, germe à la lumière; a besoin d'une protection en hiver.
Parties utilisées, utilisation culinaire et utilisation médicinale: comme la sarriette commune (voir page 121).

Origan, marjolaine sauvage
Origanum vulgare
Généralités: Labiées; 0,30-0,50 m.
Caractéristiques: tiges à section carrée,

Sarriette des montagnes *(Satureia montana)*

Origan, marjolaine sauvage *(Origanum vulgare)*

rougeâtres, munies de folioles ovales finement velues en partie, ponctuées de glandes à la face inférieure; fleurs roses ou blanches de juillet à septembre; arôme très intense légèrement poivré; plante de rocaille très décorative.

<u>Culture:</u> exposition chaude et sèche, sinon peu exigeant; rabattre jusqu'au sol au printemps; multiplication par division et par stolons possible.

<u>Parties utilisées:</u> jeunes pousses, feuilles – à l'état frais, séché.

<u>Utilisation culinaire:</u> les feuilles et les jeunes pousses relèvent le goût des tomates, de la viande, du fromage, des potages,

Beaucoup de gourmets aiment la pizza – peut-être justement pour son mélange d'herbes typiquement italien.

des légumes et des pizzas; dégage son plein arôme pendant la floraison. Apprécié dans la cuisine italienne.

Utilisation médicinale: stomachique, stimule l'appétit, facilite la digestion, antispasmodique en cas de toux.

Estragon
Artemisia dracunculus
Généralités: Astéracées; 0,60-1,50 m.
Caractéristiques: à l'achat, exigez expressément de l'estragon français et non de l'estragon de Russie si vous ne voulez pas être déçu par sa saveur et son arôme. Persistant. Feuilles lancéolées et légèrement brillantes; sommités fleuries jaune-vert discrètes à partir de juin; forme des stolons.
Culture: l'estragon français est plus exigeant que celui de Russie; affectionne les expositions chaudes et l'humidité; se multiplie uniquement par repiquage de drageons ou bouturage; à protéger en hiver (!). L'estragon de Russie se multiplie à partir de semis au début du printemps, alors que l'estragon français ne fleurit que rarement.
Parties utilisées: extrémité de jeunes pousses, feuilles – à l'état frais, séché, congelé ou dans le vinaigre ou l'huile.
Utilisation culinaire: potages, sauces, salades, volailles, viande marinée, fromage blanc, beurre aux fines herbes, vinaigre aux fines herbes, vin d'herbes, conserves, moutarde «maison»; à faire cuire dans les préparations. Aromatise également les huiles.
Utilisation médicinale: action digestive et cholagogue, diurétique.

Estragon *(Artemisia dracunculus)*

Fenouil (commun)
Foeniculum vulgare
Généralités: Apiacées; 0,80-2 m.
Caractéristiques: longues racines en forme de tubercules allongés, tiges cannelées, robustes; petites fleurs jaunes en ombelles de juillet à octobre; parfum douceâtre, épicé, typiquement anisé.
Culture: exposition chaude et pleinement ensoleillée; sols calcaires fertiles; protection en hiver (!); semis à partir de la fin mars; le fenouil de Florence cultivé comme légume pour ses bulbes est un annuel.
Parties utilisées: jeunes feuilles – à l'état frais; graines – séchées.
Utilisation culinaire: les jeunes feuilles agrémentent le poisson, les salades, les

136

Fenouil commun *(Foeniculum vulgare)*

sauces; les graines parfument les pâtisseries et le thé.

Utilisation médicinale: expectorant et mucolytique en cas de toux; spasmolytique; atténue les flatuosités; contre les crampes intestinales des enfants.

Lavande
Lavandula angustifolia
Généralités: Labiées; 0,30-0,60 m.
Caractéristiques: arbrisseau aux feuilles linéaires et étroites, gris argenté; des épis de fleurs bleues odoriférantes coiffent les longues tiges à partir de juillet.
Culture: sols secs, calcaires; exposition ensoleillée. Multiplication par semis (culture sous abri à partir de mars) et boutures. Convient également à la culture en jardinières en hauts buissons.
Parties utilisées: jeunes pousses – à l'état frais. Faire sécher les fleurs en bouquets pour en faire des pots-pourris, des sachets parfumés ou pour en parfumer le bain.
Utilisation culinaire: les extrémités des jeunes feuilles servent à aromatiser les sauces, les ragoûts et les poissons (les cuire en même temps!); les fleurs séchées entrent dans la composition de tisanes et de liqueurs aux herbes.
Utilisation médicinale: action calmante, sédative, carminative, cholagogue.
L'esprit de lavande s'emploie en friction contre les douleurs rhumatismales.

Lavande *(Lavandula angustifolia)*

137

Livèche

Levisticum officinale

Généralités: Apiacées; jusqu'à 1,50 m.

Caractéristiques: des rhizomes ramifiés portent des tiges creuses munies de feuilles pennées qui ont un fort goût d'«épice Maggi».

Culture: sols humides; aussi en exposition semi-ombragée; demande un espace suffisant; multiplication par division, mais aussi par semis à partir du début du printemps (sous châssis en

carminative et diurétique; s'abstenir en cas d'affections rénales ou de grossesse!

Raifort

Armoracia rusticana

Généralités: Brassicacées; jusqu'à 1,20 m.

Caractéristiques: feuilles à bords ondulés longues de 80 cm, inflorescences blanches hautes de 1,20 m, racine principale robuste, allongée; racines secondaires plus ténues destinées à la multiplication; la racine a un goût très mordant.

Livèche *(Levisticum officinale)*

Raifort *(Armoracia rusticana)*

février, en terre en mai).

Parties utilisées: feuilles tendres, racines – à l'état frais, séché, congelé.

Utilisation culinaire: potages, ragoûts, sauces, plats de viande; les racines sont aromatiques, les cuire en même temps!

Utilisation médicinale: action digestive,

Culture: sols profonds, riches et humides.

Parties utilisées: racines – à l'état frais, râpé, congelé ou enfouies dans le sable pour l'hiver.

Utilisation culinaire: accompagne la viande, le poisson, la charcuterie, les œufs, les tomates, le fromage blanc;

Le raifort râpé est une aromate délicate et un vieux remède populaire.

Menthe pomme *(Mentha rotundifolia)*

faire macérer les morceaux de racines dans les conserves au vinaigre.

Menthe frisée *(Mentha crispa)*

<u>Utilisation médicinale:</u> action digestive, diurétique, antibiotique.

Menthe, espèces
Espèces de *Mentha*
<u>Généralités:</u> Labiées; 0,4-0,8 m; pluriannuelles. Les plus connues sont la menthe poivrée *(Mentha x piperita)*, la menthe pomme *(Mentha rotundifolia)*, la menthe citronnée *(Mentha citrata)*, la menthe ananas *(Mentha rotundifolia* 'Bowles') et la menthe frisée *(Mentha crispa)*.
<u>Caractéristiques:</u> herbes très vigoureuses aux feuilles fortement aromatiques; forme des stolons.
<u>Culture:</u> sols humides riches en humus; en situations ensoleillées, teneur plus élevée en huiles essentielles; la multiplication par stolons est généralement aisée.

Menthe poivrée *(Mentha x piperita)*

Petite pimprenelle, petite sanguisorbe
Sanguisorba minor
<u>Généralités:</u> Rosacées; 0,30-0,60 m.
<u>Caractéristiques:</u> rosettes aux feuilles pennées et pétiolées; petites boules terminales de fleurs rougeâtres de mai jusqu'à juin; feuilles odoriférantes qui ont une saveur fraîche et aromatique à l'arrière-goût de noisette.
<u>Culture:</u> peu exigeante en matière de terrain et de situation; après plusieurs années, remplacer ou transplanter éventuellement; raccourcir fréquemment les tiges

Pimprenelle *(Sanguisorba minor)*

<u>Parties utilisées:</u> herbe, feuilles – à l'état frais, séché.
<u>Utilisation culinaire:</u> en petite quantité dans les sauces, les potages, les crudités, le fromage blanc, les œufs, la gelée, les cocktails, le vinaigre aux fines herbes, le vin et la liqueur aux herbes; à l'état déshydraté en tisane et infusion.
<u>Utilisation médicinale:</u> maladies de l'estomac et de l'intestin; flatuosités et crampes; soutient l'activité biliaire et hépatique. L'essence de menthe poivrée s'emploie en friction contre les douleurs articulaires. En thé, la menthe soulage les refroidissements et les nausées.

Menthe poivrée: voir Menthe, espèces

florales; semis en place de mars à mai.
<u>Parties utilisées:</u> feuilles – à l'état frais, congelé.
<u>Utilisation culinaire:</u> salades, fromage blanc, œufs, «sauce verte», potages aux herbes, légumes, tomates, poisson, viande; ne pas la cuire en même temps!
<u>Utilisation médicinale:</u> action apéritive.

140

Romarin
Rosmarinus officinalis
Généralités: Labiées; 0,40-0,70 m.
Caractéristiques: pousses carrées aux feuilles persistantes et coriaces, arôme intense; fleurs bleues à lilas de mai à juillet.
Culture: a besoin de chaleur et de protection en hiver.

Parties utilisées: extrémité des pousses et feuilles – à l'état frais, séché.
Utilisation culinaire: accompagne les plats de viande, de pommes de terre, de légumes et les grillades; l'ajouter dès le

Romarin *(Rosmarinus officinalis)*

début de la préparation; indiqué aussi pour le vin, l'esprit et l'infusion aux herbes.

Utilisation médicinale: l'infusion a des propriétés apéritives et digestives; les bains de romarin sont indiqués pour les douleurs rhumatismales et les troubles circulatoires. L'ingestion de romarin est déconseillée pendant la grossesse!

Sauge (officinale, commune)
Salvia officinalis

Généralités: Labiées; 0,40-0,70 m.

Caractéristiques: tiges quadrangulaires et feuilles gris-vert allongées, duveteuses; goût légèrement amer.

Culture: se plaît dans les endroits ensoleillés; sols bien drainés et riches en humus; multiplication par division de racines, plus rarement par semis; il faut la protéger en hiver aux endroits mal exposés.

Parties utilisées: jeunes pousses, feuilles

Sauge officinale *(Salvia officinalis)*

– à l'état frais, séché.

Utilisation culinaire: viande, gibier, volaille, poisson, légumes, potages, salade de tomates, fromage blanc, fromage.

Utilisation médicinale: en gargarisme dans les inflammations de la bouche et de la gorge; antisudorifique, contre les troubles du tractus gastro-intestinal; l'ingestion à forte dose sur une période prolongée est déconseillée!

Oseille (commune)
Rumex acetosa

Généralités: Polygonacées; 0,30-0,70 m.

Caractéristiques: feuilles en forme de fer de hallebarde à la saveur acidulée; fleurs en panicules à partir de mai.

Culture: sols humides, fertiles; pousse aussi à mi-ombre; couper souvent les pédoncules (!); multiplication par division de souches, semis en place à partir de mars à avril ou d'août à septembre.

Partie utilisée: jeunes feuilles tendres – à l'état frais.

Utilisation culinaire: salades, potages, «sauce verte», poisson, fromage blanc et yaourt.

Utilisation médicinale: action dépurative, apéritive, à employer modérément dans l'ensemble, surtout chez les enfants!

Thym (commun)
Thymus vulgaris

Généralités: Labiées; 0,30 m.

Caractéristiques: arbrisseau nain fortement ramifié; petites feuilles étroites, dures, persistantes; très aromatique; fleurs roses à partir de mai. Le thym citron est une variété de thym à recommander.

Oseille *(Rumex acetosa)*

Orpin réfléchi
Sedum reflexum
<u>Généralités:</u> Crassulacées; 0,15-0,20 m.
<u>Caractéristiques:</u> petites feuilles poin-
tues, charnues, vertes à bleuâtres; fleurs

Thym *(Thymus vulgaris)*

<u>Culture:</u> exposition sèche, ensoleillée;
plante de jardin de rocaille; multiplication
par semis (culture en couches sous
châssis à partir de février; semis en place
dès la fin mars), division et boutures.
N'aime pas avoir les pieds mouillés trop
longtemps.
<u>Parties utilisées:</u> jeunes pousses - frais,
séché.
<u>Utilisation culinaire:</u> viande, charcuterie,
pâtés, légumes, pommes de terre,
sauces, pizzas, champignons, légumineuses, saindoux.
<u>Utilisation médicinale:</u> action expecto-
rante, spasmolytique, digestive, en infusion contre la toux et la coqueluche, en
gargarisme dans les inflammations de la
gorge.

jaunes de juin à août.
<u>Culture:</u> exposition ensoleillée; sur sols
pauvres; rocaille; multiplication par
division de touffes ou bouturage des
racines. On trouve également des plantules chez les horticulteurs.
<u>Parties utilisées:</u> extrémité des pousses –
à l'état frais.
<u>Utilisation culinaire:</u> crudités, salades,
sauces, légumes et viandes. N'a pas un
goût très prononcé.
<u>Utilisation médicinale:</u> action dépurative,
diurétique.

Orpin réfléchi *(Sedum reflexum)*

Aspérule odorante *(Galium odoratum)*

Aspérule odorante, gaillet odorant
Galium odoratum
Généralités: Rubiacées; 0,15 m-0,30 m.
Caractéristiques: tiges quadrangulaires portant des petites feuilles étroites vert foncé disposées en verticilles; en flétrissant, elles exhalent une odeur typique de coumarine; en mai, fleurs blanches très parfumées; couvre-sol!
Culture: sols légers, humides et exposition ombragée; semis en automne; germination sensible au gel.
Parties utilisées: herbe, feuilles – juste avant la floraison à partir de la deuxième année – à l'état frais, fané, séché.
Utilisation culinaire: bolées, jus de fruits, gelée de pommes.

L'aspérule odorante est indispensable dans certaines liqueurs d'herbes. Dans la garde-robe, l'herbe séchée aurait un effet antimite.

Utilisation médicinale: combat la nervosité et les troubles du sommeil, spasmolytique, vulnéraire. L'emploi de l'aspérule odorante est soumis à de fortes réserves et n'est d'ailleurs recommandé qu'à très faible dose car il risque d'endommager le foie.

Rue (officinale)
Ruta graveolens
Généralités: Rutacées; 0,50-1 m.
Caractéristiques: feuilles gris bleuté, profondément découpées; fleurs jaunes

Rue *(Ruta graveolens)*

en fausses grappes à partir de juin; puissant arôme typique, surtout par temps chaud.
Culture: peu exigeante en matière de sol; préfère les terres calcaires et perméables et les expositions ensoleillées; multiplication par semis; convient pour haie d'herbes à taille stricte.

Hysope *(Hyssopus officinalis)*

Parties utilisées: jeunes pousses, feuilles tendres – à l'état frais.
Utilisation culinaire: viande, poisson, soupe d'anguilles, sauces, potages, vin aux herbes – à utiliser avec parcimonie.
Utilisation médicinale: action digestive, spasmolytique, calmante, combat la mauvaise haleine. Les infusions sont déconseillées par crainte d'effets secondaires potentiels. En aucun cas pendant la grossesse.

Hysope (officinale)
Hyssopus officinalis
Généralités: Labiées; 0,40-0,60 m.
Caractéristiques: arbrisseau à tiges quadrangulaires et petites feuilles vert

sombre, étroites et lancéolées; jolies fleurs bleues, roses ou blanches à partir de juillet; plante fortement aromatique.
Culture: sols légers, secs; beaucoup de soleil; multiplication par semis (à l'extérieur dès mars), division ou bouturage; couper la plante aux fins de séchage juste avant la floraison.
Parties utilisées: jeunes feuilles, pousses – à l'état frais, séché.
Utilisation culinaire: sauces, potages, légumineuses, pommes de terre, céleri, tomates, rôtis, fromage blanc, vin d'herbes, esprit d'herbes, liqueur d'herbes.
Utilisation médicinale: toux; maladies du tractus gastro-intestinal; les infusions facilitent la digestion et sont légèrement antisudorifiques; gargarisme éprouvé.

Mélisse (officinale), citronnelle
Melissa officinalis
Généralités: Labiées; 0,50-1 m.
Caractéristiques: tiges quadrangulaires velues aux feuilles ovales dentelées; fleurs blanches à bleuâtres à partir de juillet; froissées, les feuilles diffusent une odeur typique de citron.
Culture: exposition chaude, abritée et sols bien drainés et riches en humus; multiplication: semis, division, bouturage.
Parties utilisées: pousses, feuilles – à l'état frais, séché, congelé.
Utilisation culinaire: salades, fromage blanc, poisson, volaille, foie, gibier – ne pas cuire la plante en même temps! Pour les infusions, récolter le matériel juste avant la floraison.
Utilisation médicinale: l'infusion et l'esprit de mélisse ont une action tranquillisante,

Mélisse *(Melissa officinalis)*

sédative et antispasmodique en cas de céphalée nerveuse et de troubles gastro-intestinaux.

Groupe particulier des Alliacées

Ail
Allium sativum
Généralités: Liliacées; 0,20-0,70 m. La plante cultivée est annuelle.
Caractéristiques: des caïeux, dits gousses, s'ordonnent autour d'un caïeu central formant le bulbe; feuilles linéaires, retombantes; inflorescences blanches à rougeâtres en forme d'ombelles de juin à août; toute la plante exhale un arôme d'ail caractéristique.

Ail *(Allium sativum)*

Ciboulette de Chine *(Allium tuberosum)*

<u>Culture:</u> multiplication par caïeux, plus rarement par bulbilles, au printemps ou en automne; préfère les sols bien fumés; exposition pleinement ensoleillée.

<u>Parties utilisées:</u> caïeux – à l'état frais, séché; le vert de l'ail – à l'état frais comme la ciboulette.

<u>Utilisation culinaire:</u> viandes, saucisses, potages, sauces, salades, crudités, légumes, fromage blanc; à doser habilement presque partout.

<u>Utilisation médicinale:</u> l'ail a des propriétés antifermentation, antibactériennes, digestives, cholagogues et cholérétiques; c'est un hypotenseur, un agent prophylactique du vieillissement et il combat la bronchite.

Ciboulette de Chine
Allium tuberosum
<u>Généralités:</u> Liliacées; 0,20-0,40 m.
<u>Caractéristiques:</u> saveur alliacée moins prononcée.
<u>Culture:</u> il faut la ressemer chaque année à partir d'avril.
<u>Parties utilisées et utilisation culinaire:</u> comme pour la ciboulette.

Poireau
Allium porrum
<u>Généralités:</u> Liliacées; 0,40-0,90 m.
<u>Caractéristiques:</u> issu d'*Allium ampeloprasum*; vieille plante cultivée; forme une tige en forme de tube au lieu d'un bulbe; saveur plus douce que l'oignon; la

Poireau *(Allium porrum)*

Utilisation médicinale: stimule le métabolisme, favorise la digestion, diurétique.

Ciboulette ou civette
Allium schoenoprasum
Généralités: Liliacées; 0,20-0,30 m.
Caractéristiques: feuilles tubulaires issues de touffes de racines denses; fleurs mauve rougeâtre; goût prononcé d'oignon.
Culture: aime les sols calcaires humides; pousse aussi à mi-ombre; semis au printemps, mais division également possible; se prête à merveille à la culture à l'intérieur (voir pages 49 et 50).
Partie utilisée: la verdure coupée – à l'état frais, séché, congelé, salé.
Utilisation culinaire: variée dans les potages, les sauces, les salades, les viandes, le fromage blanc, les œufs, les pommes de terre; l'ajouter juste avant de servir, ne pas la faire cuire!
Utilisation médicinale: ouvre l'appétit et facilite la digestion.

Oignons, espèces (Liliacées)

Oignon d'Égypte; oignon rocambole
Allium cepa var. viviparum
Généralités: 0,30-1,20 m; pluriannuel; multiplication par division ou bulbilles.

Échalote
Allium ascalonicum
Généralités: 0,20-0,80 m; multiplication annuelle par division des caïeux.

Oignon
Allium cepa
Généralités: 0,30-1,20 m; pluriannuel;

deuxième année, produit une inflorescence sphérique et des graines.
Culture: toute l'année; exposition de préférence dégagée, ensoleillée; sols riches, fumés; à protéger des gelées en hiver; plusieurs méthodes de culture sont possibles; semis en place ou culture préalable sous abri; se prête également à la culture associée, avec des carottes par exemple.
Parties utilisées: feuilles avec tige – à l'état frais, séché coupé, macérées dans du vinaigre.
Utilisation culinaire: légumes, crudités, salades, viande, poisson, sauces, potages.

Ciboulette *(Allium schoenoprasum)*

Oignons d'Égypte *(A. cepa* var. *viviparum)*   Échalotes *(Allium ascalonicum)*

À droite: oignons *(Allium cepa)*

Ciboule *(Allium fistulosum)*

Les échalotes et les oignons se multiplient aussi sous forme de bulbes.

multiplication par division et semis au printemps.

Ciboule
Allium fistulosum
Généralités: 0,30-1,20 m; pluriannuelle; multiplication par division et semis.
Parties utilisées: le bulbe entier est employé chez l'oignon cultivé et l'échalote; les parties vertes chez toutes les espèces; les bulbilles en plus chez l'oignon d'Égypte.
Utilisation culinaire: variée pour agrémenter salades, potages, légumes, viandes, gibier, poissons, champignons, crudités, sandwiches, fromage blanc; pour faire du sel d'oignon, de l'oignon déshydraté, etc.
Utilisation médicinale: action apéritive et digestive, diurétique, stimule les sécrétions, agent prophylactique des refroidissements, contre la toux.

150

Les herbes médicinales

> Dans les descriptifs des plantes qui suivent, il sera fait allusion à l'utilisation phytothérapeutique. L'application indiquée n'étant valable que pour les espèces décrites, il s'ensuit logiquement que leur emploi suppose une bonne connaissance de ces dernières.
>
> Les cures de tisanes et d'infusions de plantes médicinales devraient toujours être limitées dans le temps et ne pas se prolonger plus qu'il n'est nécessaire; de même, il est préconisé de varier les mélanges le plus possible. Cette forme de médecine naturelle ne traite que des troubles de santé légers qui ne nécessitent pas de traitement médical. Cet ouvrage ne remplace absolument pas une visite chez le médecin.

Les herbes condimentaires sont aussi de précieuses plantes médicinales. Grâce aux plantes aromatiques, les aliments deviennent des mets raffinés, précieux pour la santé. L'ajout de fines herbes fait davantage que sublimer l'aspect et la saveur; il ouvre l'appétit, facilite la digestion par leurs précieux constituants et contribue par conséquent de manière essentielle à notre bien-être.

Vous trouverez les herbes condimentaires pouvant être employées comme plantes médicinales au chapitre «Les herbes aromatiques» (page 118 et suivantes).

À gauche: le faux bouillon blanc, l'absinthe et la sauge – des herbes médicinales qui égayent le jardin

Plantes médicinales annuelles

Fenugrec
Trigonella foenum-graecum
<u>Généralités:</u> Papilionacées; 0,10 - 0,25 m.
<u>Caractéristiques:</u> tiges tendres, très feuillues; fleurs blanchâtres; gousses acuminées; odeur forte.
<u>Culture:</u> exposition ensoleillée; semis.
<u>Parties utilisées:</u> graines pour infusions, cataplasmes.
<u>Utilisation médicinale:</u> contre la toux, fortifiant; en cataplasme pour soigner les panaris.

Fenugrec *(Trigonella foenum-graecum)*

Camomille *(Chamomilla recutita)*   Bleuet *(Centaurea cyanus)*

Camomille; camomille commune, matricaire
Chamomilla recutita ou *Matricaria chamomilla*
Généralités: Astéracées; jusqu'à 0,50 m.
Caractéristiques: plante médicinale indigène la plus connue au parfum typique; identifiable à ses capitules à réceptacle creux et à ses feuilles finement divisées.
Culture: peu exigeante, préfère les expositions ensoleillées; semis en lignes, aussi entre les cultures potagères.
Parties utilisées: fleurs pour les tisanes, les bains, les gargarismes, les mélanges pour infusions domestiques.
Utilisation médicinale: affections du tractus gastro-intestinal; inflammations de la bouche et de la gorge (gargarismes); remède populaire contre les maux de dents; adjuvant de la bronchite (inhalations).

Bleuet, centaurée bleuet; casse-lunettes
Centaurea cyanus
Généralités: Astéracées; 0,30-0,80 m.
Caractéristiques: tiges rigides, au duvet gris; fleurs généralement bleu vif.
Culture: sols peu calcaires; pousse à l'état sauvage au jardin; peu exigeant; semis.
Parties utilisées: fleurs pour mélanges de tisanes.
Utilisation médicinale: en cas de troubles digestifs; diurétique.

Lin: voir pages 126 et 127.

Mauve sauvage, grande mauve
Malva sylvestris
Généralités: Malvacées; 0,30-1 m.
Caractéristiques: feuilles à long pétiole possédant entre trois et sept lobes; fleurs rose-violet de mai à septembre; annuelle

à pluriannuelle.

Culture: peu exigeante; comme la guimauve.

Parties utilisées: fleurs et feuilles séchées pour tisanes.

Utilisation médicinale: soulage les démangeaisons; anti-inflammatoire; en cas de troubles gastro-intestinaux; contre la toux; également en gargarisme.

Chardon Marie
Silybum marianum
Généralités: Astéracées; 1-2,50 m.
Caractéristiques: tige robuste, dressée; feuilles vertes au dessin blanc et au bord

Chardon Marie *(Silybum marianum)*

Mauve sauvage *(Malva sylvestris)*

lobé et épineux; fleurs dans des capitules violet pourpre de juin à août; annuel à bisannuel.

Culture: sols fertiles; espace suffisant; semis.

Parties utilisées: graines, pilées pour tisanes.

Utilisation médicinale: troubles digestifs, affections du foie et de la vésicule biliaire; ses principes actifs entrent dans des préparations industrielles antihépatotoxiques.

Souci
Calendula officinalis

Généralités: Astéracées; jusqu'à 0,60 m.

Caractéristiques: fleurs radiées orange ou jaunes de juin à septembre, au parfum très aromatique.

Culture: peu exigeant; semis en place, se multiplie spontanément.

Parties utilisées: pétales.

Utilisation médicinale: infusions en gargarisme contre les angines; de tout temps en cas de troubles de la vésicule biliaire. En usage externe, sous forme de pommade, pour guérir des plaies, des coups de soleil.

Souci *(Calendula officinalis)*

Faux bouillon blanc *(Verbascum densiflorum)*

Plantes médicinales bisannuelles

Angélique: voir pages 130 et 131

Faux bouillon blanc
Verbascum densiflorum

Généralités: Scrofulariacées; 0,8-2,0 m.

Caractéristiques: port dressé; feuilles couvertes d'un duvet laineux de chaque côté; fleurs jaune pâle (juillet); inflorescences en forme d'épis.

Culture: semis au début du printemps (avril) dans un endroit ensoleillé, à l'abri du vent; éclaircir ensuite à 0,50 m; peu exigeant; autogermination.

Parties utilisées: fleurs pour thés.

À droite: onagre bisannuelle *(Oenothera biennis)*

Utilisation médicinale: calme les déman-geaisons et a des propriétés béchiques et expectorantes.

Chardon Marie: voir pages 155 et 156

Onagre bisannuelle
Oenothera biennis
Généralités: Onagracées; 0,60-1 m.
Caractéristiques: la première année, for-me une rosette de feuilles; la deuxième année, une tige arborant des feuilles et des fleurs jaunes; parfum douceâtre.
Culture: sans problème; semis, auto-germination.
Parties utilisées: racines avant la florai-son pour récolte de légumes sauvages; semences en vue d'extraire l'huile médi-cinale.
Utilisation médicinale: action dépurative, l'huile d'onagre entre dans les prépa-rations industrielles qui traitent les neurodermatites.

Petite centaurée, érythrée
Centaurium erythraea
Généralités: Gentianacées; jusqu'à 0,40 cm; plante protégée.
Caractéristiques: plante délicate avec rosette feuillée basilaire; fines tiges à section carrée portant des feuilles sessiles; fleurs roses en fausses ombelles épanouies de juillet à septembre.
Culture: semis, culture sous châssis; repiquage sur sols fertiles.
Partie utilisée: herbe séchée pour tisanes.
Utilisation médicinale: action apéritive et digestive, stimule les sécrétions sali-vaires, gastriques et biliaires; action bénéfique sur la circulation sanguine.

Plantes médicinales pluriannuelles

Aunée commune
Inula helenium
Généralités: Astéracées; jusqu'à 2 m.

Petite centaurée *(Centaurium erythraea)*

Aunée commune *(Inula helenium)*

Caractéristiques: feuilles à poils feutrés pouvant atteindre 0,50 m; rhizome puissant, profondément ancré dans le sol; capitules jaune vif comme des petits tournesols de juillet à septembre.
Culture: station ensoleillée; sol riche, limoneux de préférence.
Partie utilisée: rhizome des grands sujets pour confectionner des thés.
Utilisation médicinale: mucolytique en cas de bronchite et de toux; stimule la digestion et la fonction rénale; toxique à forte dose, risque d'allergie.

Menthe ananas: voir espèces de menthe, pages 139 et 140.

Marrube blanc
Marrubium vulgare
Généralités: Labiées; jusqu'à 0,60 m.
Caractéristiques: plante faiblement aromatique, aux feuilles feutrées grises, ovales, opposées, et aux petites feuilles labiées blanches situées à l'aisselle des feuilles.
Culture: planter des sujets isolés; sans exigence particulière.
Parties utilisées: récolte des jeunes sommités fleuries pour la préparation de thés.
Utilisation médicinale: contre la toux; les affections des voies biliaires et du foie; les troubles gastriques.

Menthe pomme: voir espèces de menthe, pages 139 et 140.

Arnica, arnique, tabac des Vosges
Arnica montana
Généralités: Astéracées; jusqu'à 0,60 m; plante protégée.

Marrube blanc *(Marrubium vulgare)*

Caractéristiques: rosettes aux tiges florales duveteuses munies de petites feuilles opposées; capitules terminaux jaune-orange à partir de juillet.
Culture: exposition ensoleillée; éviter les endroits qui sont trop humides et trop calcaires.
Parties utilisées: fleurs séchées (récolte en juillet), racines (récolte à partir de septembre).
Utilisation médicinale: anti-inflammatoire et vulnéraire. Uniquement en usage externe en cas de foulure, de contusion,

159

Arnica *(Arnica montana)*

Partie utilisée: racines pour thés, à laisser sécher.

Utilisation médicinale: calme les nerfs; sédative et agit favorablement sur les spasmes gastriques, les coliques et les

Valériane officinale *(Valeriana officinalis)*

d'hématome et pour activer la cicatrisation des plaies. Des réactions d'hypersensibilité ne sont pas à exclure.

Valériane officinale, herbe-aux-chats
Valeriana officinalis
Généralités: Valérianacées; 0,50-1,50 m.
Caractéristiques: feuilles imparipennées, opposées; inflorescences similaires à des ombelles blanches et roses entre mai et août; racines dégageant une odeur typique.
Culture: exposition ensoleillée; sols humifères riches en éléments nutritifs.

L'odeur de la valériane exerce sur les chats une attraction presque magique.

Grande consoude *(Symphytum officinale)*

douleurs cardiaques d'origine nerveuse, en l'absence de toute autre cause.

Grande consoude, consoude officinale
Symphytum officinale
Généralités: Boraginacées; jusqu'à 1,50 m.
Caractéristiques: vivace, vigoureuse aux grandes feuilles ovales allongées; clochettes mauves ou blanches entre mai et août.
Culture: sans problème; à exposition humide très ensoleillée de préférence; une plante suffit ordinairement dans un jardin d'herbes.
Parties utilisées: racines.
Utilisation médicinale: en usage externe en compresse dans les contusions, les entorses, les hématomes, les rhuma-tismes. L'usage interne est déconseillé.

Origan: voir pages 134 et 135.

Aurone mâle, armoise aurone
Artemisia abrotanum
Généralités: Astéracées; jusqu'à 1 m.
Caractéristiques: petites feuilles gris-vert finement ciselées au parfum de citron; aromatique avec un arrière-goût amer.
Culture: affectionne les sols calcaires riches en humus et les expositions sèches et chaudes; multiplication par division et bouturage; protection en hiver!

Aurone mâle *(Artemisia abrotanum)*

Parties utilisées: sommités fraîches en petite quantité pour accompagner les salades, les sauces et les rôtis; la verdure pour rehausser des bouquets.
Utilisation médicinale: action stomachique, favorise la digestion (tonique amer).

Guimauve, althée
Althaea officinalis
Généralités: Malvacées; 0,60-1,30 m; plante protégée.
Caractéristiques: feuilles basilaires lobées en forme de main, feuilles supérieures acuminées, dentelées; fleurs blanches ou rose pâle de juillet à septembre.
Culture: sols humides et expositions chaudes; facile.

Parties utilisées: feuilles (mai à juillet), racines (octobre à avril) pour thés.
Utilisation médicinale: affections des voies respiratoires, contre la toux, l'enrouement, la gastro-entérite.

Verveine officinale
Verbena officinalis
Généralités: Verbénacées; 0,30-1 m.
Caractéristiques: port dressé; fleurit sous forme d'épis bleu-violet aux longues tiges fines.
Culture: exposition ensoleillée, sinon peu exigeante; semis.
Parties utilisées: plantes fleuries pour thés.
Utilisation médicinale: autrefois très

Guimauve *(Althaea officinalis)*

Verveine *(Verbena officinalis)*

appréciée pour les maux les plus divers; stimule le métabolisme; diurétique; en gargarisme contre l'enrouement.

Gentiane jaune, grande gentiane
Gentiana lutea
<u>Généralités:</u> Gentianacées; 0,50-1,50 m; plante protégée.
<u>Caractéristiques:</u> gros rhizome charnu; tiges creuses dressées; grandes feuilles opposées à nervures courbes proéminentes; fleurs jaunes axillaires en volute; floraison de juin à août.
<u>Culture:</u> sol profond dont le pH ne dépasse pas 6,5; espace suffisant (plus de 0,40 m); il faut 5 ans environ pour récolter les racines; semis, germe au gel.

Gentiane jaune *(Gentiana lutea)*

<u>Parties utilisées:</u> organes souterrains séchés (racines et rhizomes) pour thés, esprit d'herbes (gentiane).
<u>Utilisation médicinale:</u> inappétence; troubles gastriques; fortifiante.

Fenouil: voir pages 136 et 137.

La tisane de fenouil au miel est bonne contre la toux et l'enrouement.

Trèfle d'eau *(Menyanthes trifoliata)*

Trèfle d'eau, ményanthe
Menyanthes trifoliata
<u>Généralités:</u> Ményanthacées; 0,10-0,30 m; plante protégée.

Monarde *(Monarda didyma)*

Caractéristiques: plante aquatique, port rampant; rhizome souvent immergé; bourgeons rouges; fleurs blanches frangées en mai et juin. Feuilles alternes trilobées.

Culture: terrain marécageux ou mare; multiplication par division du rhizome.

Partie utilisée: feuilles; séchées pour les tisanes, fraîches pour les essences.

Utilisation médicinale: excite l'appétit, favorise la digestion; dans les douleurs hépato-biliaires; autrefois fébrifuge.

Monarde, bergamote
Monarda didyma
Généralités: Labiées; 0,80-1,50 m.

Caractéristiques: tiges quadrangulaires et feuilles acuminées, dentelées et aromatiques; fleurs rouges verticillées de juin à octobre.

Culture: peu exigeante; stations ensoleillées. Multiplication par division et bouturage.

Parties utilisées: fleurs, herbes fleuries et feuilles pour tisanes, boissons rafraîchissantes.

Utilisation médicinale: troubles digestifs; toux.

Petit cyprès *(Santolina chamaecyparissus)*

Petit cyprès, santoline
Santolina chamaecyparissus
<u>Généralités:</u> Astéracées; 0,20-0,50 m.
<u>Caractéristiques:</u> petites feuilles pennées gris argenté et aromatiques; dans le bas de la tige, branchette dressée portant des capitules jaune d'or de juin à août.
<u>Culture:</u> exposition sèche, ensoleillée; peu exigeante.
<u>Parties utilisées:</u> bourgeons floraux et feuilles avant la floraison.
<u>Utilisation médicinale:</u> autrefois employé comme vermifuge, mais cet usage est tombé en désuétude; agent répulsif des mites.

Agripaume
Leonarus cardiaca
<u>Généralités:</u> Labiées; 0,50-1,50 m.
<u>Caractéristiques:</u> tiges quadrangulaires; feuilles lobées dentelées; fleurs roses à rouges de juin à septembre.
<u>Culture:</u> plantes isolées dans le jardin d'herbes; sols fertiles; station ensoleillée et spacieuse (0,40-0,50 m); semis au printemps.
<u>Parties utilisées:</u> sommités fleuries pour tisanes.
<u>Utilisation médicinale:</u> action sédative cardiaque; flatuosités, troubles digestifs.

Agripaume *(Leonurus cardiaca)*

Sureau commun, grand sureau, sureau noir
Sambucus nigra
<u>Généralités:</u> Caprifoliacées; jusqu'à plus de 7 m.
<u>Caractéristiques:</u> bois des rameaux contenant une moelle blanche; fleurs blanches en corymbes; baies (drupes) noir-violet.
<u>Culture:</u> plantation sous la forme d'un arbuste d'un ou deux ans; préfère une exposition ensoleillée; peu exigeant.
<u>Parties utilisées:</u> fleurs, fruits.
<u>Utilisation médicinale:</u> sudorifique dans les refroidissements; diurétique; ne pas employer de fruits verts ou crus.

Sureau commun *(Sambucus nigra)* – fleur

Sureau commun – fruit

Millepertuis
Hypericum perforatum
<u>Généralités:</u> Clusiacées (Hypericacées); 0,50-1 m.
<u>Caractéristiques:</u> feuilles opposées, allongées, entières perforées de points translucides; fleurs jaune d'or de juin à septembre en fausses ombelles; les fleurs écrasées libèrent un suc rouge.
<u>Culture:</u> plante peu exigeante; sols secs.
<u>Parties utilisées:</u> feuilles, sommités fleuries pour les tisanes, fleurs pour l'huile.
<u>Utilisation médicinale:</u> en infusion pour calmer la nervosité, contre l'insomnie; l'huile dans le traitement des petites plaies, des entorses, des douleurs nerveuses et rhumatismales.

Millepertuis *(Hypericum perforatum)*

feuilles cordées gris-vert; fleurs blanc-rose, mouchetées de rouge, de juin à septembre; les plantes diffusent une forte odeur de menthe.

<u>Culture:</u> peu exigeante; bien adaptée aussi comme plante ornementale.

<u>Parties utilisées:</u> sommités fleuries pour tisanes.

<u>Utilisation médicinale:</u> n'est plus employée que rarement comme antitussif et antidiarrhéique.

Herbe-aux-chats *(Nepeta cataria)*

En écrasant les pétales jaunes du millepertuis, on libère la fameuse hypéricine rouge.

Herbe-aux-chats, cataire
Nepeta cataria
<u>Généralités:</u> Labiées; 0,50 m-1 m.
<u>Caractéristiques:</u> tiges velues aux

On peut faire des bouquets avec la lavande en fleur et la sécher pour ensuite en parfumer les armoires ou le bain.

Pissenlit *(Taraxacum officinale)*

Lavande: voir pages 137.

Livèche: voir page 138.

Pissenlit
Taraxacum officinale
Généralités: Astéracées; jusqu'à 0,30 m.
Caractéristiques: racine pivotante; feuilles en rosette basilaire; boutons floraux jaunes (mars à octobre).
Culture: sans problème; semis.
Parties utilisées: racines et herbe avant la floraison pour la préparation de tisanes, racines torréfiées pour remplacer le café; au printemps, jeunes feuilles en salade.
Utilisation médicinale: action stomachique, dépurative, diurétique, cholérétique; en tisane contre les rhumatismes et la goutte.

Mauve sauvage: voir pages 154 et 155.

Menthe frisée: voir page 139.

Menthe poivrée: voir pages 139 et 140.

Les plupart des espèces de menthe ont une croissance rapide et forment de nombreux stolons propres à la multiplication.

Rhubarbe de Chine
Rheum palmatum
Généralités: Polygonacées; 2-3 m.
Caractéristiques: grandes feuilles lobées à long pétiole; plante universellement connue.
Culture: sols fertiles; emplacement ensoleillé assez spacieux; plante isolée ornementale.

Argousier *(Hippophae rhamnoides)*

Rhubarbe de Chine *(Rheum palmatum)*

Romarin: voir pages 141 et 142.

Sauge: voir page 142.

Argousier
Hippophae rhamnoides
Généralités: Éléagnacées; 2-6 m.
Caractéristiques: arbre ou arbuste épineux bien connu; feuilles longues de 5-8 cm et linéaires; dioïque, donc planter plusieurs sujets. Baies orange en grappes.
Culture: plantation de buissons d'un ou deux ans; exposition ensoleillée; sinon, peu exigeant.
Parties utilisées: fausses baies jaunes à orange, récolte en septembre et octobre.
Utilisation médicinale: précieux par sa richesse en vitamine C; ouvre l'appétit; fortifiant.

Parties utilisées: organes souterrains (épluchés) pour tisanes.
Utilisation médicinale: à petites doses; stimule l'appétit et constipe; à plus hautes doses, est laxative. Pas pendant la grossesse et la lactation.

Les argouses sont très riches en vitamine C. Comme elles sont très fragiles (elles éclatent vite), il faut les récolter délicatement.

Achillée millefeuille
Achillea millefolium
Généralités: Astéracées; 0,50-0,80 m.
Caractéristiques: tiges duveteusés dressées; feuilles bipennatiséquées; fleurs blanches ou blanc-rougeâtre.
Culture: peu exigeante en matière de sol du moment que l'humidité est suffisante; semis.
Parties utilisées: herbes fleuries et fleurs pour tisanes médicinales.
Utilisation médicinale: en infusion, action anti-inflammatoire, spasmolytique, digestive, remède de bonne femme contre les troubles gastro-hépato-biliaires, les règles douloureuses. En usage externe, employée comme vulnéraire et dans les affections cutanées.

Achillée millefeuille *(Achillea millefolium)*

Primevère officinale, coucou
Primula veris
Généralités: Primulacées; jusqu'à 0,25 m; plante protégée.
Caractéristiques: feuilles ovales et légèrement duveteuses; fleurs jaune d'œuf épanouies d'avril à mai.
Culture: préfère les sols non calcaires; semis et culture de jeunes plants en avril (germe au froid); on ne recouvre pas les graines.
Parties utilisées: fleurs avec calice pour tisanes médicinales; rhizomes pour mélanges de thés.

Primevère officinale *(Primula veris)*

Utilisation médicinale: action muco-lytique, expectorante, diurétique. En infusion contre la toux, la bronchite, les refroidissements.

Plantain lancéolé, petit plantain
Plantago lanceolata
Généralités: Plantaginacées; jusqu'à 0,30 m.
Caractéristiques: rosette basilaire; lon-gues feuilles rétrécies à la base; fleurs disposées en petits épis ovales.
Culture: plantes faciles à cultiver; se multiplient par semis; matériel récolté fragile.

Plantain lancéolé *(Plantago lanceolata)*

Épilobe *(Epilobium angustifolium)*

Parties utilisées: herbe pour tisanes et cataplasmes; jus pressé au printemps jusqu'à la floraison.
Utilisation médicinale: atténue les démangeaisons, anti-inflammatoire; vulnéraire; contre la toux et en gargarisme dans les inflammations de la gorge; en cataplasme contre les piqûres d'insectes et les contusions.

Thym: voir page 142.

Aspérule odorante: voir pages 144 et 145.

Épilobe (en épi), herbe de Saint-Antoine
Epilobium angustifolium
Généralités: Onagracées; 0,70-1,50 m.
Caractéristiques: feuilles alternes sur tiges rigides; fleurs rose clair; capsules (fruits) allongées.
Culture: peu exigeant; se multiplie spontanement.
Parties utilisées: feuilles séchées pour tisanes.
Utilisation médicinale: traitement des adénomes bénins de la prostate.

séchées en très faibles quantités pour aromatiser la viande, les ragoûts (la cuire en même temps) et faire des vins et des esprits d'herbes.

Utilisation médicinale: contre l'inappétence; en tisane pour l'estomac et la vésicule; s'abstenir absolument pendant la grossesse. Toxique à haute dose!

Hysope: voir pages 145 et 146.

Mélisse officinale: voir page 146.

Menthe citronnée: voir page 139.

Absinthe *(Artemisia absinthium)*

Rue: voir page 145.

Absinthe, armoise amère
Artemisia absinthium
Généralités: Astéracées; jusqu'à 1,50 m.
Caractéristiques: les feuilles velues gris argenté, profondément découpées, exhalent une odeur très aromatique et ont une saveur fort amère; des panicules lâches à petits boutons floraux jaunes s'épanouissent à partir de juillet.
Culture: exposition ensoleillée; peu exigeante en matière de sol; tolère la sécheresse; multiplication par division de touffes; d'ordinaire, un seul sujet suffit dans un jardin d'herbes.
Parties utilisées: herbes fraîches et

Tableaux et synoptiques

Tableau de la culture et de la récolte de nos principales herbes médicinales et aromatiques

Nom français	Nom botanique	Famille	Annuelle (A) Bisannuelle (B) Vivace (V)	Hauteur en cm
Ail – gousses	*Allium sativum*	Liliacées	A	20-60
Aneth	*Anethum graveolens*	Apiacées	A	50-120
Angélique	*Angelica archangelica*	Apiacées	B	50-200
Anis vert	*Pimpinella anisum*	Apiacées	A	30-80
Armoise	*Artemisia vulgaris*	Astéracées	V	50-150
Aspérule odorante	*Galium odoratum*	Rubiacées	V	15-30
Aurone mâle	*Artemisia abrotanum*	Astéracées	V	60-80
Barbarée commune	*Barbarea vulgaris*	Brassicacées	B	30-60
Basilic	*Ocimum basilicum*	Labiées	A	25-60
Bourrache	*Borago officinalis*	Boraginacées	A	50-80
Capucine	*Tropaeolum majus*	Tropéolacées	A	15-30
Carvi	*Carum carvi*	Apiacées	B	40-100
Céleri – à couper	*Apium graveolens*	Apiacées	A (B)	40-60
Cerfeuil	*Anthriscus cerefolium*	Apiacées	A	30-80
Ciboule	*Allium fistulosum*	Liliacées	V	30-100
Ciboulette	*Allium schoenoprasum*	Liliacées	V	20-30
Ciboulette de Chine	*Allium tuberosum*	Liliacées	A	20-40
Cochléaire	*Cochlearia officinalis*	Brassicacées	B	25-30
Coriandre	*Coriandrum sativum*	Apiacées	A	50-70
Cresson alénois	*Lepidium sativum*	Brassicacées	A	30-50
Cresson de fontaine	*Nasturtium officinale*	Brassicacées	A	10-40
Cumin	*Cuminum cyminum*	Apiacées	A	15-50
Échalote	*Allium ascalonicum*	Liliacées	A	20-80
Estragon	*Artemisia dracunculus*	Astéracées	V	50-150
Fenouil	*Foeniculum vulgare*	Apiacées	V	80-200
Glaciale	*Mesembryanthemum crystallinum*	Aizoacées	B	rampante

Espace requis		Époque de récolte (mois)	Parties employées en cuisine	Usage, conservation (voir aussi: les herbes aromatiques, p. 118)	Particularités
Graines/m² Portion/m² (petits sachets achetés dans le commerce)	Distance entre les plantes en cm				
50 g	25 x 10	VII-IX	oignon, feuilles	F	AS
2 g	30 x 25	VI-IX	herbe, graines	F, S, C	M, AS, NA
3 plantes	50 x 60	VI-X	feuilles	F	NA
2,50 g	30 x 20	VI-IX	graines, herbe	S	
0,02 g	50 x 50	V-X	herbe, feuilles	F, S, C	NA
1 portion	semis clair	V-VI	herbe	F, S	
4 plantes	50 x 50	VI-X	herbe	F, S	NA
1 portion	25 x 25	XI-IV	feuilles	F	
0,05 g	30 x 25	VI-IX	herbe, feuilles	F	M
0,50 g	40 x 30	V-X	herbe, fleurs	F	M , AS, NA
0,5 portion	20 x 10	VI-X	feuilles, fleurs, bourgeons	S (feuilles = F)	M, NA, AS
1-2 g	30 x 15	VI-VII	graines, feuilles	F, S, C	AS
8-10 plantes	90 x 30	VII-XI	feuilles	F, C	NA
1-2 g	30 x 10	V-XI	herbe	F	
2 g	20 x 15	III-XI	oignons	F, S	
0,50-1 g	30 x 5	IV-XI	feuilles	F	AS
1 portion	25 x 10	VI-XI	feuilles	F	
0,50 g	semis clair	I-XII	herbe	F, C	M, NA, AS
1-2 g	30 x 10	VII-IX	herbe, graines	F	
10 g	semis clair	III-XI	herbe	F	
1 portion	20 x 10	V-VIII	herbe	S	NA, AS
1 portion	30 x 10	VIII-IX	graines	F	
200 g	20 x 10	VI-IX	feuilles, oignons	F, S, C, A	NA
3 plantes	50 x 60	V-XI	herbe	F, C, A	M, NA
1,50 g	40 x 35	VIII-X	herbe, graines	F	
1 portion	semis clair	V-IX	feuilles	F, C, A	M

Usage, conservation: F = à consommer frais, S = séchage, C = congélation, A = autres.
Particularités: M = plante mellifère, AS = plante qui assainit le sol, NA = nourriture pour auxiliaires.

Tableau de la culture et de la récolte de nos principales herbes médicinales et aromatiques (suite)

Nom français	Nom botanique	Famille	Annuelle (A) Bisannuelle (B) Vivace (V)	Hauteur en cm
Hysope	*Hyssopus officinalis*	Labiées	V	40-60
Lavande	*Lavandula angustifolia*	Labiées	V	30-60
Livèche	*Levisticum officinale*	Apiacées	V	100-150
Marjolaine	*Origanum majorana*	Labiées	A	25-40
Mélisse	*Melissa officinalis*	Labiées	V	40-80
Menthe poivrée	*Mentha x piperita*	Labiées	V	30-60
Moutarde blanche	*Sinapis alba*	Brassicacées	A	60-120
Oignon	*Allium cepa*	Liliacées	A	60-120
Oignon d'Égypte	*Allium cepa* var. *viviparum*	Liliacées	V	30-120
Origan	*Origanum vulgare*	Labiées	V	30-50
Orpin réfléchi	*Sedum reflexum*	Crassulacées	V	15-20
Oseille	*Rumex acetosa*	Polygonacées	V	30-70
Persil	*Petroselinum crispum*	Apiacées	B	30-90
Pimprenelle	*Sanguisorba minor*	Rosacées	V	30-60
Poireau	*Allium porrum*	Liliacées	A	40-90
Poivre d'Espagne (poivron)	*Capsicum annuum*	Solanacées	A	40-60
Pourpier	*Portulaca oleracea*	Portulacacées	A	15-30
Raifort	*Armoracia rusticana*	Brassicacées	V	40-120
Romarin	*Rosmarinus officinalis*	Labiées	V	50-90
Roquette	*Eruca sativa*	Brassicacées	A	20-50
Rue	*Ruta graveolens*	Rutacées	V	30-60
Sarriette commune	*Satureia hortensis*	Labiées	A	10-40
Sarriette des montagnes	*Satureia montana*	Labiées	V	30-50
Sauge	*Salvia officinalis*	Labiées	V	40-60
Thym	*Thymus vulgaris*	Labiées	V	20-30

Espace requis		Époque de récolte (mois)	Parties employées en cuisine	Usage, conservation (voir aussi: les herbes aromatiques, p. 118)	Particularités
Graines/m² Portion/m² (petits sachets achetés dans le commerce)	Distance entre les plantes en cm				
3 plantes	50 x 20	IV-XII	herbe, feuilles	F, C	M, NA
5-6 plantes	40 x 30	VI-XI	herbe	F, S, C, A	(suite)
2-3 plantes	50 x 50	V-X	herbe, racines	F, S, C	
1 g	25 x 10	VI-XI	herbe	F, S, C, A	M, NA
5 plantes	50 x 40	IV-XI	herbe, feuilles	F, S	NA
5-6 plantes	30 x 40	V-X	herbe, feuilles	F	NA, AS
1-2 g	25 x 10	IV-XI	herbe, graines	F	M, NA
1,50 g	20 x 10	V-IX	oignons, feuilles	F	
1,50 g	20 x 20	IV-IX	feuilles, oignons	F, S, A	
1 portion	25 x 25	VI-X	herbe, feuilles	F	M, NA
0,5 portion	25 x 10	V-XII	herbe	F	NA
2 g	25 x 10	IV-XII	feuilles	F, S, C	
0,50 g	20 x 10	IV-XII	herbe	F, C	NA
8-10 plantes	30 x 30	IV-XII	herbe, feuilles	F, S	AS
1,50 g	30 x 15	VIII-V	herbe	F	AS
10 plantes	30 x 30	VII-X	fruit	F	
10 g	semis clair	VI-X	herbe, feuilles	F, C, A	AS
4-5 plantes	70 x 30	XII-III	racines	F, S, A	NA
5-6 plantes	50 x 30	V-XI	feuilles	F	M, NA
1-2 g	20 x 10	IV-XI	herbe	F	M,
0,5 portion	40 x 15	V-XII	herbe	F, S, C	
2 g	30 x 25	V-IX	herbe	F, S	M, AS
0,50 g	35 x 35	VI-X	herbe	F, C, A	M
1,50 g	40 x 15	VI-XII	herbe, feuilles	F, S	M, NA
0,5 g	25 x 10	V-XI	herbe		M, NA

Les herbes de la pharmacie familiale

(Les principales plantes de santé)

Nom français *Nom botanique*	Indications	Utilisation	Dose journalière conseillée
Absinthe *Artemisia absinthium*	Estomac barbouillé, troubles biliaires, inappétence, flatulences; ne pas utiliser pendant la grossesse. Toxique à forte dose.	Infusion: 1/2 c. à café/tasse Vin: 15-20 g/0,7 l de vin	2 tasses réparties sur la journée 1 verre à liqueur de vin
Achillée millefeuille *Achillea millefolium*	Troubles gastro-intestinaux, nausée, diarrhée, perte d'appétit	Infusion: 2 c. à café/tasse	2-3 tasses
Camomille *Chamomilla recutita*	Gastro-entérite, flatulences, refroidissement, bronchite, inflammations	Infusion: 2 c. à café/tasse	3 tasses Cure de 4-6 semaines
Grand sureau *Sambucus nigra*	Refroidissement, grippe, sudorifique	Infusion de fleurs; 1 c. à café/tasse	Tisane de fleurs: 3-5 tasses Tisane de baies: 3 tasses
Mélisse officinale *Melissa officinale*	Troubles nerveux, insomnie, troubles gastro-intestinaux d'origine nerveuse, céphalée	Infusion: 2 c. à café/tasse	1 tasse le matin 1 tasse le soir
Menthes Espèces de *Mentha*	Gastro-entérite, mauvaise digestion, flatulences, cholagogue; huile: en cas de nevralgies, rhumatismes, céphalée	Infusion: 2 c. à café/tasse Huile en friction	2-3 tasses, pas plus de 2-3 semaines d'affilée
Millepertuis *Hypericum perforatum*	Nervosité, insomnie, tonique nerveux	Infusion: 1 c. à café/tasse	2 tasses (à petites gorgées)
Petite centaurée *Centaurium erythraea*	Faiblesse de l'estomac, troubles de la digestion, troubles de la vésicule, perte d'appétit	Infusion: 1 c. à café/tasse, aussi extrait froid	Boire 2 tasses à petites gorgées réparties sur la journée
Plantain lancéolé *Plantago lanceolata*	Toux, enrouement, rhume chronique; en cataplasme pour piqûre d'insecte, contusions	Infusion 1-2 c. à café/tasse Feuilles écrasées en cataplasme	3 tasses
Romarin *Rosmarinus officinalis*	Troubles du conduit digestif; ne pas utiliser pendant la grossesse. Bain: troubles circulatoires, rhumatismes	Infusion: 1 c. à café/tasse Bain: faire bouillir 50 g dans 1 l d'eau	2 tasses, à petites gorgées, matin et soir
Sauge *Salvia officinalis*	Gastro-entérite, maux de gorge; ne pas prendre à haute dose pendant une période prolongée.	Infusion: 1/2 c. à café/tasse -Bains de bouche, gargarismes: 1 c. à café/tasse	2 tasses, une le matin et une le soir
Thym *Thymus vulgaris*	Bronchite, gastro-entérite, refroidissement	Infusion: 1 c. à café/tasse	2 tasses (à petites gorgées dans la journée)

Les pages imprimées en caractères **gras** renvoient aux illustrations.

A

Absinthe **66**, 173, **173**, 180
Acarien prédateur 66
Achillea millefolium 170, **170**, 180
Achillée millefeuille 170, **170**, 180
Agripaume 165, **165**
Ail 15, **15**, 146 et s., **147**, 176
- culture en pot 50
Alcaloïde 18 et s.
Aleurode 64, 68
Alfalfa 54, **54**
Allium ascalonicum 148, **149**, 176
Allium cepa 146 et s., **151**, 178
Allium cepa var. *viviparum* 148, **149**,178
Allium fistulosum 150, **150**, 178
Allium porrum 147 et s., **148**, 178
Allium sativum 146 et s., **147**, 176
Allium schoenoprasum 148, **149**, 176
Allium tuberosum 147, **147**, 176
Althaea officinalis 162, **162**
Althée 162, **162**
Analyse du sol 58
Aneth **116**, 123, **123**, 176
Anethum graveolens 123, **123**, 176
Angelica archangelica 130 et s., **131**, 176
Angélique (vraie) 130 et s., **131**, 176
Anis 120, **120**, 176
Annuelles 116 et s.
Anthriscus cerefolium 124 et s., **125**, 176
Apium graveolens 178
Apports nutritifs 63 et s.
Araignée rouge 68
Argousier 169, **169**
Armoise amère **66**, 173, **173**, 180
Armoise aurone 161, **161**, 176
Armoise commune 134, **134**, 176
Armoracia rusticana 138 et s., **138**, 178
Arnica 159 et s., **160**

Arnica montana 159 et s., **160**
Arnique 159 et s., **160**
Aromaphytothérapie 23
Aromathérapie 23
Arrosages 63 et s.
Artemisia abrotanum 161 et s., **161**, 176
Artemisia absinthium 173, **173**, 180
Artemisia dracunculus 136, **136**, 176
Artemisia vulgaris 134, **134**, 176
Aspérule odorante 144 et s., **144**, 176
Aubépine **93**
Aunée commune 158 et s., **158**
Aurone mâle, 161, **161**, 176
Auxiliaires 66 et ss.

B

Bains 89
Balconnières, comment planter en **45**
Banc **29**
Baquet de fenêtre 49
Barbarea vulgaris 130, **130**, 176
Barbarée commune 130, **130**, 176
Basilic 120 et s. **120**, 176
Baumes 88 et s.
Belladone 13, **13**, 18
Bergamote 164, **164**
Beurre aux herbes 77, 108 et s.
Bisannuelles 117
Bleuet 154, **154**
Bois 21
Bolée aux herbes 87
Borago officinalis 121 et s., **122**, 176
Bouillie d'herbes 65 et s.
Bouquets garnis 110 et s.
Bourrache 121 et s., **122**, 176

C

Calendula officinalis 156, **156**
Camomille **100**, 154, **154**, 180
Camomille commune **100**, 154, **154**, 180
Capsicum annuum 127 et s., **128**, 178

Capucine 124, **124**, 176
Carum carvi 132, **132**, 176
Carvi **113**, 132, **132**, 176
Casse-lunettes 154, **154**
Cassis **97**
Cataire 167, **167**
Céleri 178
Centaurea cyanus 154, **154**
Centaurée bleuet 154, **154**
Centaurium erythraea 158, **158**, 180
Cerfeuil 124 et s., **125**, 176
Chamomilla recutita 154, **154**, 180
Chardon Marie 155 et s., **155**
Châssis froid **58**, 59
Chlorophylle 15, 20 et s.
Chrysope 66, **67**
- larve 66, **67**
Ciboule 150, **150**, 176
Ciboulette **108**, 148, **149**, 176
- culture en pot 49 et s. **50**
Ciboulette de Chine 147, **147**, 176
Coccinelle 66, **67**
- larve 66, **67**
Cochléaire **117**, 132 et s., **133**, 176
Cochlearia officinalis 132 et s., **132**, 176
Colchicine 18
Colchique 18, **18**
Confiture aux herbes 84 et s.
Congélation 82, **82**
Conservation 79 et s.
Consoude officinale **65**, 161, **161**
Coriandre 125 et s., **125**, 176
Coriandrum sativum 125 et s., **125**, 176
Couches **58**, 59
Cranson des Alpes 132
Crèmes 88 et s.
Cresson alénois 51 et s., 123 et s., **123**, 176
Cresson de fontaine 122 et s., **122**, 176
Cressonnette, 52, 123 et s., **123**, 176
Culture associée **68**, 69, **70**
- d'engrais vert 58 et s.

- de rebord de fenêtre, soins 52 et s.
- d'herbes sur buttes 37
- en caissettes 59 et s.
- en godets comprimés 60
- en sac 40
- en terrines **59**
- sous abri 59 et s.
Cultures en jardinières, soins 42 et ss.
Cumin 176
Cumin des prés 132, **132**
Cuminum cyminum 176

D
Décoction 99
Digitale 19, **19**
Division de rhizomes à rejets multiples 61 et s. **62**
Drogues 22
- à feuilles 81 et s.
- à fleurs 81 et s.
- à graines 81
Drogues végétales 22

E
Eau de vie aux herbes 85 et s.
Échalote 148, **149**, 176
Écorce 21
- de chêne 19, **19**
Enzymes 20
Épilobe (en épi) 172, **172**
Epilobium angustifolium 172, **172**
Eruca sativa 51, 129, **129**, 170
Érythrée, (petite) centaurée 87, 158, **158**, 180
Esprit d'herbes 85 et s., **86**
Estragon 136, **136**, 176
Extrait d'herbes 65
Extrait à froid 99

F
Fabrication de saucisses, épices 111

Faux bouillon blanc 156, **156**
Fenouil (commun) 136 et s., **137**, 176
Fenugrec 153, **153**
Feuille plastique 70 et s.
Feuilles 20, 23
- **récolte 75**
Filet de protection des cultures 64
Fines herbes 110
Fleurs 21, 23
- récolte 75
Foeniculum vulgare 136 et s., **137**, 176
Forficule 66
Fromage blanc aux herbes 76 et s.

G
Garniture de sandwich aux herbes 77
Galium odoratum 144 et s., **144**, 176
Gelée aux herbes 84 et s.
Gentiana lutea 163, **163**
Gentiane jaune 163, **163**
Germes de blé **53**
Germoir 54
Glaciale 131, **131**, 176
Glucosides 20
Graines 22
- germées 53 et s.
- récolte 75
Grand origan 127, **127**, 176
Grand sureau 166, **166**, 180
Grande consoude **65**, 161, **161**
Grande gentiane 163, **163**
Grande mauve 154 et s., **155**
Guimauve 162, **162**

H
Haie d'herbes 31
Herbe-aux-chats 160, **160**, 167, **167**
Herbe de Saint-Antoine 172, **172**
Herbes aromatiques 118 et s.
- annuelles 120 et s
- bisannuelles 130 et s.

- fraîches 76 et s.
- en culture associée 69
- récolte 75
- vivaces 134 et s
Herbes, culture **59**
- annuelles 116 et s.
- à semences 29
- bisannuelles 117
- congélation 82, **82**
- conservation 79 et s., 80 et s.
- dans l'huile et le vinaigre 83
- dips 109
- emplacement 58 et s.
- en jardinière 39 et s.
- entretien 57 et s.
- fraîches 75 et s.
- médicinales 153 et s.
- mesure pour tisane 99 et s.
- prise d'eau 27
- récolte 73 et s.
- recettes 105 et s.
- salage 82 et s., **83**
- séchage 80 et ss.
- sur le rebord de la fenêtre 47 et s., **48**
- symbolique
- vivaces 117
Hippophae rhamnoides 169 et s., **169**
Huile aux herbes 83, **83**, **84**, 110
Huile de millepertuis 89, **89**
Huile de massage 89
Huile de soin pour la peau 89
Huiles essentielles 18, 22 et s.
Hypéricine 89
Hypericum perforatum 166, **167**, 180
Hysope 14, **14**, **52**, 145 et s., **145**, 178
Hyssopus officinalis 145 et s., **145**, 178

I
Ichneumon 66, 68
Inula helenium 158 et s., **158**

J

Jardin d'hiver 48
Jardin mobile 40 et s.
Jardinière, manière correcte de planter **44**
Jardins d'auges 40 et s
Jardins d'herbes, banc 28, **28**
- conception 25 et s.
- conventuels 32 et s.
- en forme de croix 32 et s., **32**
- historiques 32 et s., **32**
- mobiles
ornementaux 30 et s., **31**
Jeunes plants 59
Jus d'herbes pressées 87 et s.

L

Lait aux herbes **87**, 109, **109**
Lavande 137, **137**, 178
Lavandula angustifolia 137, **137**, 178
Leonarus cardiaca 165, **165**
Lepidium sativum 51, 123 et s., **123**, 176
Levisticum officinale 138, **138**, 178
Liliacées 146 et ss.
Lin **81**, 126 et s., **126**
Linum usitatissimum 126 et s., **126**
Liqueur aux herbes 85 et s.
Livèche **113**, 138, **138**, 178

M

Malva sylvestris 154 et s., **155**
Marcottage **62**
Marjolaine 127, **127**, 170
Marjolaine sauvage 134 et s., **135**, 178
Marrube blanc 159, **159**
Marrubium vulgare 159, **159**
Matricaire **100**, 154, **154**, 180
Mauve sauvage 154 et s., **155**
Mélange d'herbes maison 111
Mélanges pour tisanes «maison» 94 et s.
Melissa officinalis 146, **146**, 178, 180
Mélisse officinale **94**, 146, **146**,164, **164**,

178, 180
Mentha citrata 139
Mentha crispa 139, **139**
Mentha, espèces de 139 et s., 180
Mentha rotundifolia «Bowles» 139
Mentha rotundifolia 139, **139**
Mentha x piperita 139, **140**, 178
Menthe à feuilles rondes 139
Menthe ananas 139
Menthe citronnée 139
Menthe frisée 139, **139**
Menthe poivrée **64**, 139, **140**, 178
Menthe pomme 139, **139**
Menthes, espèces de 139 et s., 180
Ményanthe 163, **163**
Menynathes trifoliata 163 et s., **163**
Mesembryanthemum crystallinum 131, **131**, 176
Millepertuis 166, **167**, 180
Monarde 164, **164**
Moutarde, graines **51**
- blanche 51, 129, **130**, 178
Mucilages 20
Multiplication
- par bouturage 61, **61**
- par bouturage de stolons 62, 63
- par marcottage **62**
- végétative 61 et s.

N

Nasturtium officinale 122 et s., **122**, 176
Nepeta cataria 167, **167**

O

Ocimum basilicum 120 et s., **120**, 176
Oenothera biennis **157**, 158
Oignon 150, **151**, 178
Oignon, espèces d' 146 et s.
Oignon d'Égypte 148, **149**, 178
Oignon rocambole 148, **149**, 178
Onagre bisannuelle **157**, 158

Onguent aux fleurs de souci **88**, 89
Origan **110**, 134 et s., **135**, 178
Origanum majorana 127, **127**, 178
Origanum vulgare 134 et s., **135**, 178
Orpin réfléchi 143, **144**, 178
Oseille 142, **143**, 178

P
Paillage 63 et s., 66
Parterre-banquette **35**, 37
Parterre-butte **36**, 37
- circulaire **36**
Parterre d'herbes 29 et s., **29**
Parterre-haut-bas 33
Persil 133 et s., **133**, 178
- à feuilles 50 et s.
- racine 21, **21**
- culture en pot 50 et s., **51**
- tour à **108**
Petite centaurée **87**, 158, **158**, 180
Petit cyprès 165, **165**
Petit plantain 171 et s. **182**, 180
Petite pimprenelle 140, **140**, 178
Petite sanguisorbe 140
Petroselinum crispum 133 et s., **133**, 178
pH 58
Phytoncides 20
Piment de Guinée 127 et s., **128**, 178
Pimpinella anisum 120, **120**, 176
Pissenlit 168, **168**
Plantago lanceolata 171 et s., **172**, 180
Plantain lancéolé 171 et s., **172**, 180
Plantes médicinales annuelles 153 et s.
- bisannuelles 156 et s.
- principes actifs 18 et s.
- vivaces 159 et s.
Plantes protégées 117 et s.
Poireau 147 et s., **148**, 178
Poivron 127 et s., **128**, 178
Pommades médicinales 88 et s., **88**
Portulaca oleracea 128, **129**, 178

Pourpier 128, **129**, 178
Préparation de jus frais 87 et s.
Primevère officinale 170 et s., **171**
Primula veris 170 et s., **171**
Principes amers 19
Protection des plantes 64 et s.
Pucerons 64
Punaise prédatrice 66
Punch 87
Purin d'herbes 65 et s.

R
Racines 21, 23
Raifort 138 et s., **138**, 178
Rebord de fenêtre 47 et s.
Recettes 105 et s.
Récolte 73 et s.
Repiquage 60
Résines 18
Rheum palmatum 169, **169**
Rhizome 21
Rhubarbe de Chine 169, **169**
Romarin 141 et s., **141**, 178, 180
Roquette 129, **129**, 178
Rosmarinus officinalis 141 et s., **141**, 178, 180
Rue (officinale) **49**, 145, **145**, 178
Rumex acetosa 142, **143**, 178
Ruta graveolens 145, **145**, 178

S
Salage 82 et s., **83**
Salvia officinalis 142, **142**, 178, 180
Sambucus nigra 166, **166**, 180
Sanguisorba minor 140, **140**, 178
Santolina chamaecyparissus 165, **165**
Santoline 165, **165**
Saponines 20
Sarriette commune 121, **121**, 176
Sarriette des montagnes 134, **135**, 178
Satureia hortensis 121, **121**, 176

Satureia montana 134, **135**, 178
Sauce verte 106 et ss.
Sauge **49**, **101**, 142, **142**, 178, 180
Séchage 80 et ss., **80**, 81
Séchoir solaire 81
Sedum reflexum 143, **144**, 178
Sel d'épices 111
Semences
- bandes 61
- enrobées 61
- tapis 61
Semis 59 et ss.
- à l'extérieur 60 et s.
- en place 60 et s.
Serre 59
Silybum marianum 155 et s., **155**
Sinapis alba 51, 129, **130**, 178
Solidage du Canada **20**
Souci 81, 156, **156**
Spirale d'herbes 33 et ss., **33**, **34**
Substitut de poivre 111
Sureau commun 166, **166**, 180
Sureau noir 166, **166**, 180
Syrphe 66

T
Tabac des Vosges 159 et s., **160**

Tanins 19
Taraxacum officinale 168, **168**
Teintures 88
Terrasse d'herbes **42**
Thé de compost 63
Thé noir aux herbes 96 et ss.
- confection 97 et s.
Thym **95**, 142, **142**, 178, 180
Thymus vulgaris 142, **142**, 178, 180
Tisane 64 et ss., 91 et ss.
- maison 92, 94
- médicinale 92 et ss.
- préparation 98 et ss., **99**
- sucrer 100
Tisanes familiales 92, 94
- froides 95 et s., **96**
Trèfle d'eau 163 et s., **163**
Trigonella foenum-graecum 153, **153**
Tropaeolum majus 124, **124**, 176

V
Valeriana officinalis 160, **160**
Valériane officinale 160, **160**
Verbascum densiflorum 156, **156**
Verbena officinalis 162 et s., **162**
Verveine officinale 162 et s., **162**
Vinaigre aux herbes 83 et s. 84

Crédits photographiques

Les photos en couleurs sont de U. Borstell (p. 3, 6/7, 10 b, 22, 28, 38, 43, 44, 53, 56/57, 60, 64, 66, 70, 72, 100, 101 h, b, 119, 120 bd, 124, 128, 131 g, 138 d, 143 d, 148, 149 bg, 174/175), H.E. Laux (p. 10 b, 11, 19 h, 24, 46, 74, 87 d, 88, 86, 89, 90/91, 93, 94, 101, 109, 113 b, 114, 116, 117, 118, 120 g, hd, 121, 122 d, 124 g, d, 129 g, 132, 133 hd, 134 g, 140 d, 143 g, 147 g, 154 h, 160 d, 161 b, 164, 165 b, 167 h, 171, 172 g, 173), E. Pforr (p. 27, 33, 48, 78), M. Pforr (p. 9 b, 14, 21, 34, 49 g, d, 52, 64, 67 hg, hd, bg, bd,68, 87 g, 110, 113 h, 122 g, 126 h, 130 d, 133 hg, 134, 138 g, 140 g, 144 g, 145 d, 149 h, 154, 155 b, 157, 158 d, 160 g, 163 d, 164 h, 169 d, 174), H. Reinhard (p. 4/5, 9 h, 12, 14, 16/17, 19 b, 24/25, 26, 31, 32, 38/39, 41, 46/47, 72/73, 78/79, 84, 104/105, 114/115, 123 g, 137 h, 141, 144 d, 146, 150, 151, 152, 153, 159, 161 h, 164 h, 169 g, 172 d), N. Reinhard (p. 81 b), R. Roppelt (p. 96, 102), P. Schönfelder (p. 18, 20, 51, 97, 126 b, 127, 140 g, 131 d, 134 d, 136, 137 b, 139 b, 145 g, 153, 154 g, 156 h, 158 g, 162 g, d, 163 g, 166 b, 168, 170) et P. Seitz (p. 36, 56, 58, 74, 80, 81 hg, hd, 86, 106, 107, 123 d, 129 d, 139 h, 142, 147 d, 149 bd, 156 b, 167 b).
Les illustrations en couleurs sont de R. Hofmann (p. 15, 31, 34, 42, 43, 52, 59 h, 63, 66, 71, 77, 85, 92, 97, 109, 111, 112, 122, 126, 127, 132, 135, 139, 144, 150, 160, 163, 167, 168 h, b, 170).
Les illustrations en noir et blanc sont de H. Lünser (p. 45).
Les illustrations des pages 30, 32, 44, 45, 59 b, 60, 61, 82, 83, 99, 108 sont de H. Lünser et ont été colorisées par R. Hofmann.

h : haut, b : bas, g : gauche, d : droite.